内在之光

通往真诚合一之路

[美] 帕克·J. 帕尔默(Parker J. Palmer) 著
薛香玲 译

Parker J. Palmer. A Hidden Wholeness: The Journey Toward an Undivided Life.
ISBN 978-0-470-45376-6

Copyright © 2004 by John Wiley & Sons, Inc.

This translation published under license. Authorized translation from the English language edition, Published by John Wiley & Sons. Simplified Chinese translation copyright © 2024 by China Machine Press.

No part of this book may be reproduced or transmitted in any form or by any means, electronic or mechanical, including photocopying, recording or any information storage and retrieval system, without permission, in writing, from the publisher. Copies of this book sold without a Wiley sticker on the cover are unauthorized and illegal.

All rights reserved.

本书中文简体字版由John Wiley & Sons公司授权机械工业出版社在全球独家出版发行。

未经出版者书面许可，不得以任何方式抄袭、复制或节录本书中的任何部分。

本书封底贴有John Wiley & Sons公司防伪标签，无标签者不得销售。

北京市版权局著作权合同登记　图字：01-2023-2378号。

图书在版编目（CIP）数据

内在之光：通往真诚合一之路 /（美）帕克·J. 帕尔默 (Parker J. Palmer) 著；薛香玲译. -- 北京：机械工业出版社，2024.9. --（深度领导力）.
ISBN 978-7-111-76478-6

Ⅰ. C933

中国国家版本馆CIP数据核字第2024RC5516号

机械工业出版社（北京市百万庄大街22号　邮政编码100037）
策划编辑：白　婕　　　　　　　责任编辑：白　婕　岳占仁
责任校对：孙明慧　李可意　景　飞　　责任印制：郜　敏
三河市宏达印刷有限公司印刷
2024年11月第1版第1次印刷
147mm×210mm・7.375印张・1插页・157千字
标准书号：ISBN 978-7-111-76478-6
定价：69.00元

电话服务　　　　　　　　　网络服务
客服电话：010-88361066　　机　工　官　网：www.cmpbook.com
　　　　　010-88379833　　机　工　官　博：weibo.com/cmp1952
　　　　　010-68326294　　金　书　　　网：www.golden-book.com
封底无防伪标均为盗版　　　机工教育服务网：www.cmpedu.com

A HIDDEN WHOLENESS

| 出版说明 |

  本书是我社出版的"深度领导力"丛书中的一部。"深度领导力"丛书旨在帮助管理者从思维方式、认知结构、心理素养等方面学习和修炼，持续精进和提升自己的领导力。

  本书的作者帕克·帕尔默是美国著名作家、教育家、社会活动家，著有《教学勇气》等多部畅销书，他在本书中向我们阐述了在一个充满割裂力量的世界中，个人如何通过内在修炼，发现自己身上"隐藏的整全"，让自己走向真诚合一、自由绽放的状态，其中关于内在修炼的观点和方法对个人提升心理素养和领导力具有启发意义。需要提醒读者朋友注意的是，书中有时提到一些源自宗教的概念，例如灵魂、真我等，也提到澄心委员会的会谈方法，这部分涉及宗教的内容与马克思主义哲学和世界观有不一致的地方，需要我们批判地看待，取其精华，去其糟粕。

谨以此书献给马西·杰克逊和里克·杰克逊，并致以谢意和爱意

A HIDDEN WHOLENESS

| 作者介绍 |

帕克·帕尔默是美国勇气与新生中心的创始人和高级合伙人，该中心负责监督"教学勇气""领导勇气"和"信任圈"®项目，为教育、医疗、教会、法律和慈善以及其他行业的人提供服务。帕尔默曾在美国高等教育协会担任高级顾问15年，现在担任费策尔研究所（Fetzer Institute）的高级顾问。

帕尔默博士是一位作家和活动家，在各地巡回讲学，关注教育、社群、领导力和社会变革等问题。他的作品和工作在社会各界中产生了广泛影响，包括公立学校、大学院校、公司、基金会和基层组织。

他发表了10多首诗、200多篇随笔，出版了7本书，其中包括几本畅销书和获奖作品：《内在之光》《与自己的生命对话》《教学勇气》《积极的生活》《知己知彼》《陌生人的陪伴》和《悖论的承诺》。

因其卓越的贡献，帕尔默博士先后获得了10个荣誉博士学位，美国国家教育新闻协会颁发的两项杰出成就奖，联合教会出版社颁发的优秀奖，以及丹佛斯基金会、礼来基金会和费策尔研究所的主要资助。

1993年，他获得了独立学院理事会颁发的美国全国高等教育杰出贡献奖。

1998年，"领导力项目"（The Leadership Project）对美国的1万名管理人员和教职工进行了调查，将帕尔默博士评为过去10年里高等教育界30位"最具影响力的高级领导人"之一和10位关键的"议程制定者"之一，并指出："他以令人振奋的社群、知识和精神整全的愿景激励了整整一代教师和改革者。"

2001年，卡尔顿学院授予帕尔默博士杰出校友成就奖。

2002年，医学研究生教育认证委员会设立了"帕克·帕尔默教学勇气奖"，每年颁发给10个住院医师项目的主任，以表彰他们在医学教育中体现出的以病人为中心的专业精神。

2003年，美国大学人事协会授予帕尔默博士"钻石荣誉奖"，以表彰他在学生事务领域的杰出贡献。

2005年，Jossey-Bass出版社出版了《带着问题生活：来自帕克·帕尔默的启迪》一书，汇集了医学、法律、慈善、政治、经济、教育等各个领域知名人士所写的文章。

帕克·帕尔默在加利福尼亚大学伯克利分校获得社会学博士学位，与妻子莎伦·帕尔默住在威斯康星州麦迪逊市。

A HIDDEN WHOLENESS

| 致谢 |

本书汇集了我从 20 多岁起就一直在思考的四个主题：整全人生的样子、社群的意义、教学与学习的改革以及非暴力社会变革。

从我之前写的 6 本书和 40 年的演讲中可以看出，我非常喜欢思考、讨论和撰写与上述四个主题相关的事情。我知道一些词语会随着现实的发展很快被淘汰，所以当语言获得了自己的生命力，我倍感珍惜。让我深感欣慰的是，本书中最重要的词语已经拥有了自己的含义和生命力，这要感谢那些我有幸称之为同事和朋友的才识过人之士。

他们在全美各个城市创办了很多组织，让其他人也能加入到"通往整全人生的旅程"中来。他们人数众多，我无法一一列举他们的名字，在此我谨对他们的关心、付出和他们的才干表示感谢：

- 感谢费策尔研究所的工作人员和董事会，他们为本书做了大量基础性工作。
- 感谢教师培养中心的工作人员和董事会，他们为教育工作者和其他行业的人提供了在工作和生活上培养正直品格的机会。
- 感谢美国和加拿大的一百多位参加教师培养中心带领者培养课程的人,他们学习如何创建信任圈,让人们能够踏上"不再割裂地"生活的内在之旅。
- 感谢众多教育工作者、慈善家、医生、律师、商人、社区组织者、神职人员以及其他参与信任圈的人,他们知道自己和这个世界都需要把内在真我与社会角色再次合一。
- 感谢 Jossey-Bass 出版社和 John Wiley 出版社的工作人员,他们积极支持本书及相关书籍的出版和发行,因为他们相信本书所倡导的工作具有很大的价值。

本书得到了下列诸位的鼎力帮助,在此我谨向他们致以诚挚的谢意和爱意:
- 感谢教师培养中心的马西·杰克逊(Marcy Jackson)和里克·杰克逊(Rick Jackson)两位主任。近十年来,他们在各个偏远的地方主导了建立信任圈的工作,并且在工作中展现出令人赞叹的技巧、耐心、远见卓识和爱心。谨以本书献给他们,以向他们卓越的工作致敬,并以此表明和他们的友谊对我来说有多么重要。
- 感谢费策尔研究所名誉所长兼董事会主席罗伯·雷曼(Rob Lehman)。他是一位拥有坚定信念和远见卓识的人,认为将内在生活与外在生活结合起来是一件极其重要的事情。如果没有这位朋友的鼓励,本书所依赖的许多工作很可能无法完成。

- 感谢费策尔研究所所长汤姆·比奇（Tom Beech）。大学同窗时我们发展了珍贵的友谊并延续至今。他是教师培养中心在当地和全美开展工作的早期倡导者。自从我认识他以来，他一直是整全人生的典范。
- 感谢费策尔研究所高级顾问戴维·斯鲁特（David Sluyter）和项目负责人米奇·奥利万蒂（Mickey Olivanti）。他们在20世纪90年代初帮助我启动了教师培养计划，并一直给予我忠实的支持。作为我的好朋友和同事，他们的信任和陪伴对我来说意义重大。
- 感谢诗人和散文家马克·尼波（Mark Nepo）、某公立学校校长奇普·伍德（Chip Wood）和律师罗兰·约翰逊（Roland Johnson），他们也是我的好朋友和同行者。他们仔细地研读了书稿的不同版本并提出了中肯的建议，非常感谢他们的慷慨相助。
- 感谢达拉斯县社区学院（Dallas County Community College District）的领导人厄尔琳·邦德（Earlene Bond）、安·福克纳（Ann Faulkner）、盖伊·古丁（Guy Gooding）、苏·琼斯（Sue Jones）、伊莱恩·沙利文（Elaine Sullivan）和比尔·塔克（Bill Tucker）。他们通过社区学院培养中心开展教师培养工作。非常感谢这些朋友的支持。
- 感谢医学教育认证委员会执行主任戴维·利奇（David Leach）博士，和达特茅斯医学院（Dartmouth Medical School）儿科、社区与家庭医学教授（医学博士）保罗·巴塔登（Paul Batalden）。他们是医学教育和医疗保健改革的领导者。他们向我展示了本书的主要观点在一个我知之甚少的行业中是如何发挥作用的，我非常珍视他们的鼓励和这段友谊。

- 感谢我的编辑谢丽尔·富勒顿（Sheryl Fullerton）。她是一位很有才干和智慧的图书编辑和营销者，同时也是一位值得珍惜的朋友，她知道我什么时候需要安慰，什么时候需要挑战。感谢她以及Jossey-Bass出版社和John Wiley出版社才华横溢的乔安妮·克拉普·富拉格（Joanne Clapp Fullagar）、保拉·戈德斯坦（Paula Goldstein）、钱德里卡·马达范（Chandrika Madhavan）、桑迪·西格尔（Sandy Siegle）和布鲁斯·埃默（Bruce Emmer），他们为本书的面世做了大量的工作。
- 莎伦·帕尔默是我最好的朋友、最值得信赖的评论家，也是我一生的挚爱。她是我所有作品的第一位读者，我每留下1页都会扔掉20页废稿，所以她读了非常多的稿子。我问她，她编辑作品时都关注哪些方面，她用了三个问题来答复我：是否值得一说？说得清楚吗？说得漂亮吗？这三个问题既解释了我扔掉废稿的比例，又解释了为什么我需要在写作上继续努力。
- 我们非常感谢礼来基金会对《内在之光》实践指南编写的慷慨支持。

20年前，我在英国暑期教学期间，在剑桥一家书店买了一本薄薄的诗集，里面有一首 D.M. 托马斯写的《石头》，这首诗很短，但一读就难以忘怀。我把它抄了下来，放进我的包里，一直放了 20 年。在这首诗里，托马斯思索了"诗人"一生想写的很多书的名字，诗的最后几行如下：

> 还有第七本书，也许是第七本书，
> 因为没有出版，所以叫它第七本书，
> 这是一本一个孩子认为他可以写的书，
> 用最坚硬的石头和最透明的树叶写成，
> 这是一本一个民族可以靠它活着的书。[1]

从我第一次读到《石头》的那一刻起，我就觉得这首诗对我来说是一个启示。去年，我突然意识到《内在之光》将会是我的第七本书，于是我开始怀疑这个启示是不是指我不应该出版本书！有些评论家可能希望我不出版，但显然我还是出版了本书。

我认为，《石头》向我诉说着一种希望，这种希望让我 40 年来一直坚持写作，希望我所找到的文字能赋予他人生命力。我不知道本书中的文字是否能实现这个愿望。但我知道，本书所基于的工作——把人们聚集在一起，帮助他们重新发现和找回自己的整全——比我所做的其他工作能带给我更多生命力。愿本书能让更多的人和我一样，从欢迎内在真我的社群带来的生命力和治愈力量中受益。

A HIDDEN WHOLENESS

| 目录 |

出版说明

作者介绍

致谢

序幕　世界的暴风雪 /1

第1章　整全的意象:"不再割裂地"生活 /3

　　　　尘嚣之外,旷野之间 /3

　　　　超越道德准则 /6

　　　　"不再割裂地"生活 /9

第2章　跨越鸿沟:内在真我与社会角色再次合一 /13

　　　　孩子的秘密生活 /13

　　　　成为整全的成年人 /17

　　　　虚假的社群 /21

　　　　真实的社群 /25

第3章　探索真我:内在真我的暗示 /31

　　　　灵性基因 /31

　　　　怀疑真我 /34

　　　　割裂的生活 /39

　　　　莫比乌斯带上的生活 /44

第4章 一起独处：独处的社群 / 49

尊重他人的独处 / 49
独处和社群 / 52
害羞的内在真我 / 55
两个独处的人 / 60
我们信任什么 / 64

第5章 为内在之旅做准备：创建信任圈 / 69

第二十二条军规 / 69
清晰的界限 / 70
有经验的带领 / 73
开放的邀请 / 75
共同的基础 / 78
优雅的氛围 / 82

第6章 委婉地说出真相：隐喻的力量 / 86

现在我成了自己 / 86
迂回的路才引向终点 / 88
一个道家故事 / 92
明确说出自己的真相 / 97
工作前的工作 / 100
鲜活的相遇 / 105

第7章 内心深处的对话：学会聆听和讲述 / 108

内在导师的故事 / 108
我们为什么想帮忙 / 110

　　　　与自己对话 / 113
　　　　讲述生命故事 / 117
　　　　什么是真相 / 121

第8章　带着问题生活：探索真相 / 125

　　　　恐惧后面的真相 / 125
　　　　学会提问 / 127
　　　　澄清思绪 / 130
　　　　唯有愚弄自己而已 / 134
　　　　值得祝贺的事情 / 136
　　　　一鸟在手 / 139

第9章　笑声与静默：一对并不奇怪的搭档 / 146

　　　　从畏惧到绝望 / 146
　　　　友好地笑还是嘲笑 / 147
　　　　无声的交流 / 149
　　　　静默的做法 / 152

第10章　第三条道路：日常生活中的非暴力方式 / 156

　　　　周一早上现象 / 156
　　　　超越"战斗或逃跑" / 158
　　　　立于悲剧性的鸿沟中 / 163
　　　　打破心的禁锢 / 167
　　　　信任圈中的张力 / 170

注释 / 176

《内在之光》实践指南 / 183

A HIDDEN WHOLENESS

| 序幕 |

世界的暴风雪

> 世界的暴风雪
> 吹越了门槛
> 颠覆了
> 灵魂的秩序
> ——莱昂纳德·科恩
> （Leonard Cohen）[1]

从前，美国大平原上的农民一看有暴风雪的迹象，就会从后门拉一根绳子到谷仓。他们都知道，曾经有人在自家后院劳作时，因为在茫茫风雪中看不到家在哪里而迷失方向，最后被冻死。

今天，世人生活在另一种形式的暴风雪中。经济不公、生态破坏、身体和精神暴力及其必然后果——战争的暴风雪在世人身旁盘旋肆虐。恐惧和疯狂、贪婪和欺骗、对他人的痛苦漠不关心的暴风雪在世人内心盘旋肆虐。我们都知道，有人迷失在这种疯狂中，丢掉了自己的灵魂，迷失了道德的方向，甚至失去了生命；他们连带那么多无辜的人陷入了困境，为此登上了新闻头条。

部分诸如神职人员、企业高管、政界人士、街头民众、知名人士、中小学生等不同角色的人迷失在这场暴风雪中。有些人担心自己或自己所爱的人迷失在暴风雪中。有些人此刻正在暴风雪中挣扎，努力寻找回家的路。有些人不知不觉地在暴风雪中迷失了方向。还有一些人浑水摸鱼，在暴风雪的混乱中为自己牟取私利。

因此，我们很容易相信诗人的说法，即"世界的暴风雪"颠覆了"灵魂的秩序"。我们也很容易相信，人类自我的生命核心——灵魂，以及它对真理、正义、爱和宽恕的渴望，已经完全失去了指引我们前行的力量。

但是，根据我自己在暴风雪中的经历，实际情况并非如此。要知道，我迷失在暴风雪中的次数，要多于我愿意承认的次数。灵魂的秩序永远不会被摧毁。它可能会被茫茫风雪掩盖，我们也可能忘记或否认，灵魂位于近在咫尺的地方指引我们。但是不管怎样，我们仍然身处灵魂的后院，有无数次机会重新找到我们的方向。

本书的主要内容，就是从后门拉一根绳子到谷仓，这样我们就能找到回家的路。当我们看得到灵魂时，我们就能在暴风雪中生存下来，不会失去希望和方向。当我们看得到灵魂时，我们就能在暴风雪中找回自己"隐藏的整全 ⊖"，在伤痕累累的世界里，成为家庭、社区、工作场所以及政治生活中的疗愈者。

⊖ 整全的原文为 integrity。

A HIDDEN WHOLENESS

| 第1章 |

整全的意象
"不再割裂地"生活

> 短叶松……不是木材树种,也不以姿态优美著称。但在我的眼中,这棵独自屹立在岩石上的勇敢的老松树,却展现出了一个生命最美的样子……它的身形映衬着苍穹,宛若一幅遒劲有力的书法作品,在天空中写下了它的品格、它的坚毅,以及它所经历的严寒、酷暑、疾风、干旱和疾病……它在静默中诉说着整全……这是生命本来的样子。
>
> ——道格拉斯·伍德[1]

尘嚣之外,旷野之间

每年夏天,我都要去明尼苏达州北部的边界水域(Boundary Waters)小住,它毗邻加拿大安大略省,是一片有一百万英亩㊀、保持着原始风貌的旷野。多年前,我第一次去那里的时候,还纯粹

㊀ 1英亩=4046.856平方米。

是为了度假。但是当我一再回到那个山明水秀、林木葱茏、碧空万里的自然世界时，度假变成了朝圣之旅。在内心的驱使下，我每年都来拜访一次这片神圣的土地。道格拉斯·伍德对当地短叶松的沉思，道出了我每年北上所追寻的东西：生命在整全状态下的样子。

托马斯·默顿㊀（Thomas Merton）说："万物里面都隐藏着整全。"² 但是在人类世界里，我们不像短叶松那样袒露自我，所以默顿的话有时候听起来就像是一厢情愿的想法。我们担心自己的内在之光熄灭，或者害怕暴露自己内心的黑暗，于是我们把真实的自己向对方隐藏了起来。在这样做的同时，我们也与自己的内在真我分离开来。这样做的结果，是我们过着割裂的生活，我们与自己的内在真相是如此之远，以至于我们认识不到"生命本来的整全"。

我对于割裂的生活的认识，首先来自自己的亲身经历。我渴望整全，但割裂经常是更容易的选择。一个"安静的、微小的"声音告诉我，关于我、我的工作或这个世界的真相是什么，我听到了这个声音，但是我置若罔闻，依然故我。我吝于发挥自己的才华帮助世人；我投身于一项自己并不真正相信的项目；在本该发声的事情上，我缄口不言；我主动放弃自己的某个信念。我否认自己内心的黑暗，而这让黑暗拥有了更多驾驭我的力量；我把内心的黑暗投射到别人身上，制造出一些并不存在的"敌人"。

㊀ 托马斯·默顿（1915—1968），美国作家，代表作为自传作品《七重山》。——译者注

我过着割裂的生活，也为此付出了沉重的代价。我感到自己很虚假，因为担心别人发现真相而心生焦虑，还因为否认自己的自我而感到沮丧。我周围的人也付出了代价，因为他们行走在因我的割裂而变得动荡不稳的土地上。我连自己的自我都否认，又怎能肯定别人的自我？我自己做不到整全，又怎能相信别人的整全？在我的生活中间有一条裂缝，每当我的言行背离了我的内在真相，这条裂缝就会扩大，让我周围的事物摇摇欲坠、分崩离析。

但是在北方的旷野中，我感受到了"万物"之中隐藏的整全。它在野生莓果的味道里，在阳光下松树的气味里，在极光的景象里，在湖水拍岸的声音里，这些味道、气味、景象和声音体现了永恒存在且无可置疑的根本的整全。等我回到快速变化、充满疑虑的人类世界，我拥有了一双新的眼睛，发现我和我的同类之中隐藏的整全；我拥有了一颗崭新的心，能够去爱我们的不完美。

实际上，旷野在不断地提醒我，整全与完美无关。1999年7月4日，一场飓风在边界水域肆虐了20分钟，吹倒了2000万棵树木。[3] 一个月之后，我照例来到此地，面对满目疮痍，我非常难过，不知道以后还想不想重返此地。但此后我每次到访，看到大自然利用毁灭来催生新的生命，看到它缓慢但从不停歇地修复自己的伤痕，我感到惊讶不已。

整全并不意味着完美，它意味着接纳破碎，并将其作为生命中不可缺少的一部分。知道这一点让我充满了希望：如果我们能把毁灭作为孕育新生命的温床，那么人类的整全，你的、我的、我们大家的整全，不一定是个乌托邦式的梦想。

超越道德准则

割裂的生活有很多不同的表现形式。下面是其中几例,如果我们过着这样的生活,那我们的生活就是割裂的:

- 不愿投入到工作中,工作质量降低,与工作的服务对象疏远。
- 从事违背自己基本价值观的工作,即使并非生存所迫。
- 处于不断扼杀自己精神的环境或关系中。
- 隐藏秘密,以牺牲他人为代价来获取个人利益。
- 为了避免冲突、挑战和变化,在与自己意见相左的人面前隐瞒自己的信仰。
- 害怕受到批评、排斥或攻击,所以隐瞒真实的自己。

割裂是个人的失常状态,但它很快就会成为别人的问题。如果老师躲在讲台和权力后面敷衍了事,那割裂便会成为学生的问题。如果医生躲在自我保护的科学面具后冷漠地对待病人,那割裂便会成为病人的问题。如果主管只是照章办事,不用心对待员工,那割裂便会成为员工的问题。如果政界领导人心口不一、谎话连篇,那割裂便会成为民众的问题。

在撰写本书之时,媒体上充斥着此类人物的报道,他们在安然、安达信、美林、世界通讯公司、罗马天主教会等机构工作,因割裂之事声名狼藉,世人皆知。他们肯定听到过内心的呼唤,呼唤自己回归整全,但是他们终究与自己的内在真我脱节,背叛了民众、股民和信众的信任,也降低了大家对民主、经济和宗教机构的信任程度。

这些故事很快就会从媒体的头版消失，但类似的故事永远不会绝于报端。闹剧常年都在上演，造成了巨大的社会代价。诗人鲁米在800年前就直言不讳、毫不留情地写道："若你与我们一起时不忠不信，你将对我们造成极大的破坏。"4

我们该如何理解生活中这种失常的割裂状态？如果我们把它视为问题，认为这是一个需要通过"提高道德标准"来解决的问题，并相互劝诫提高道德标准，对未达到标准的人施以更加严厉的惩罚，那我们可能在短时间内会感到自己品格高尚，但是，这样的做法不能从根本上解决问题。

从根本上来说，割裂的生活不是未达到道德标准，而是偏离了人类生命的整全。漠视病人的医生、向民众撒谎的政客、骗取退休员工积蓄的企业高管、伤害儿童的神职人员，他们大多数并不缺乏道德知识或信念。他们肯定上过职业伦理课，可能还拿到了很高的分数。他们就道德问题侃侃而谈或向信众布道时，很可能对自己说的话深信不疑。但是他们对把信仰和知识与实际生活分离开来习以为常，好像二者毫不相干。

撰写本书时，有一则新闻生动地证明了人们有这一习惯。一家生物科技公司的前CEO因为从事内幕交易，并且唆使他的女儿和年老的父亲替他隐瞒，使二人在法律上受到牵连，所以被判处7年监禁。有人问他犯罪时怎么想的，他说："我可以坐在那里……想着我是有史以来最诚实的CEO，同时又……花言巧语，做一些（错）事，再把这些错事合理化。"

这些话出自一位善于分类（compartmentalize）的专家之口。

善于分类的能力在很多工作中很受重视，但说到底，它只不过是割裂的生活的另一个名字。与这位 CEO 有相同命运的人可能不多，但与他有相同能力的人却着实不少。我们在学校里学会了这项能力。在学校里，伦理学的教学方式和大多数学科一样，并不触及我们的内心。

在青少年和青年时期，我们知道了自我认识（self-knowledge）对在职场上取得成功来说没有多大用处。有用的是"客观"知识，那些客观知识能让我们对这个世界呼风唤雨。在这种背景下，伦理学的教学方式与大多数学科一样，只是让学生学习一些与伟大的思想家及其思想有关的知识，学习变成了收集资料的练习，对我们的心灵没有任何启发。

当然，我很看重道德标准。但在像我们这样的文化里，内在生命的存在和力量受到贬低或轻视，所以道德往往只是一套外在的行为守则，一套我们被告知需要遵守的客观规则，一个能支撑我们的道德外骨骼。道德外骨骼的问题很简单：穿上容易，脱下来也容易。

我也重视整全，但这个词的意思远不止遵守道德准则，它的意思是"整体、完整、不破碎的状态或品质"，就像整数或积分一样。更深入地说，整全指的是人或事物处于"未受损害、未掺假或真实的状态，类似于原初状态"，比如一个整全的人或一棵短叶松。[5]

理解了整全的本质，我们就不会再纠结于行为准则，而是以整全为目标，踏上一段对自身要求更高的旅程。在旅程中，我们会体会到下面这句约翰·米德尔顿·默里（John Middleton Murry）的话里蕴含的真理——"好人意识到整全比善良更重要，就像走上了一条狭窄的道路。与整全相比，他（或她）以前的正直只是一种华丽的标榜而已。"[6]

"不再割裂地"生活

"独自屹立在岩石上"的短叶松是我心目中极美的形象之一。但是，比短叶松更美的形象是一个整全的人，例如罗莎·帕克斯、纳尔逊·曼德拉，或者不出名但令你心存感激的某些人，从他们身上，你窥见了当人们拒绝割裂的生活时所散发出的那种美。

当然，短叶松做到整全要比人类容易得多，因为短叶松不会自寻烦恼！我们拥有意识和做选择的能力，这是一种祝福，也是一种诅咒，是一把既能割裂我们，又能帮助我们变得整全的双刃剑。选择整全听起来是件好事，可是踏上旅程以后我们会发现这条路不无风险，它在某些方面令我们脆弱，让我们宁愿不做这样的选择。

我写本书的时候，《时代》（Times）出版了2002年的年终特刊，辛西娅·库珀（Cynthia Cooper）、科林·罗利（Coleen Rowley）、谢伦·沃特金斯（Sherron Watkins）被评选为年度人物。[7] 他们获此殊荣的原因，是醒悟到不能再割裂地生活，他们勇敢地在世界通讯公司、联邦调查局、安然公司抵制腐败。他们把内在真相带到了外部世界，重新找回了自己的整全，也帮助我们的社会找回了些许整全。

遗憾的是，并不是所有人都钦佩这种勇气。沃特金斯就受到了一些安然公司前同事的大肆辱骂，他们说如果沃特金斯不把这件事捅出来，他们原本可以保住公司，也能保住自己的饭碗。[8] 由于很多证据都表明安然事件是一场巨大的骗局，所以沃特金斯的前同事讲的根本不是什么出色的商业计划，而是在告诉世人诚信是多么不受欢迎。世界通讯公司的库珀说："这是要付出代价的，有时候我哭得都不能自已。"[9]

库珀、罗利和沃特金斯的故事很快将会被我们周围的信息洪流冲走，然而，我不得不怀疑，是信息淹没了我们的问题，还是我们**故意想**忘记这三个人是如何见证了在现实世界中也存在整全的生活的可能性？这三位拒绝生活在谎言中的人是普通人，这意味着我们也可以做到这一点，当然前提是我们愿意迎接挑战，变成一个整全的人。

不过，我们无法独自迎接挑战，至少不能长期如此。如果我们想在通往整全的生活的旅程中坚持下去，我们就需要值得信任的人际关系，需要社群坚定的支持。这段旅程中肯定有孤独的路段，如果在没有他人帮助的情况下走完全程，实在是太过艰辛。何况我们这么善于自我欺骗，如果没有外界的匡正，我们难免会在旅程中迷失方向。

这些年来，我自己对社群的需求促使我与他人合作，营造相互鼓励的环境，大家在这样的环境中相互帮助，努力"把内在真我与社会角色再次合一"，其中一个成果是为公立学校的教育者们创办了一个全国性的静修项目（retreat program）。在工作和生活上，这些教育者的正直品格每天都受到考验，如果不加以处理，将会危及孩子们的身心健康。

这个项目的口碑传播开以后，其他领域的人，例如父母、政界人士、神职人员、医生、社区组织者、企业高管、青年工作者、律师，都开始询问他们从哪里可以得到类似的帮助。根据大家的需求，这个项目扩展到帮助各行各业的人们更加勇敢地做整全的人。

所以，本书讲的不是有待应用的理论，而是已经在实际运用中得到过验证的原则和做法。现在它们有待于被扩展到更广泛的范围，只要有人想过不割裂的、内在真相与世界的需求合一的生活，便可以使用这些原则和做法来帮助自己。本书上半部分探讨了割裂的根源，并呼吁我们不要再过割裂的生活；下半部分指导如何营造和维护让内在真我感到安全的空间，让人们能够在通往整全的生活的旅程中相互支持和帮助。

- 第2章分析了什么样的生活是割裂的生活，研究了割裂的生活会引发什么样的个人后果和社会后果，并描述了从婴儿期到成年期的整全状态。
- 第3章为我们是带着灵魂或内在自我来到世上的这一说法提供了证据，并探讨了我们忽视、蔑视或拥抱自己的真相时分别会发生什么。
- 第4章探讨了一个悖论：走向内在真我与社会角色再次合一是一段孤独的旅程，但这段孤独的旅程需要人际关系的支持。能够提供这种支持的是一种少见但真实的社群形式，我称之为"信任圈"。
- 第5章阐述了为了帮助信任圈成员深入他们的内在之旅，信任圈应该做好哪些方面的准备。

- 第6~9章详细描述了在信任圈成员之间营造和维护让内在真我感到安全的空间的必要做法,在这样的空间里,内在真我会感到足够安全,从隐秘之处来到我们的生活中。
- 第10章论证了本书所探讨的原则和做法可以帮助我们在日常生活中采取非暴力方法。我们能否学会以尊重内在真我和有益于生命的方式来应对这个时代日益增多的暴力?答案的是或否将会给我们和这个世界带来非常大的不同。

A HIDDEN WHOLENESS

| 第2章 |

跨越鸿沟
内在真我与社会角色再次合一

> 就像快乐之翼
> 曾带你飞越
> 童年的黑暗深渊
> 现在
> 在超越你生命的地方
> 筑起宏伟非凡的拱桥
> ——莱内·马利亚·里尔克[1]

孩子的秘密生活

年少时,当我们开始看到生活的光明前景和阴暗现实之间的差距时,我们便会本能地割裂自己的生活来保护自己。孩童期的我们,能够借助"快乐之翼"飞越那些"黑暗深渊",这是每个孩子与生俱来的天赋。

这种快乐的力量来自内在真我,而内在真我是纯粹存在的核心,孩子们与它有亲密的联结,就像诗人鲁米所说的,它"为本身的快乐而存在"。[2] 即使面对巨大的困难,孩子们也常常表现出非凡的韧性，这种韧性来自一个叫作内在真我的地方。内在真我给予我们力量，让我们在童年时期有自己的"秘密生活"，保护我们脆弱的自我免受外部世界的威胁。

我自己的"秘密生活"始于小学五年级或六年级。在学校里，我努力融入校园生活，所以在别人眼里，我是个外向而自信的人。我善于交朋友，知道怎样逗人发笑，我上课经常举手，被选为负责人的次数比罗斯福当选总统的次数还要多。在篮球场上，虽然我运球的时候会把自己绊倒，但是我的笨拙却给我带来了好处，这让其他男孩子觉得我对他们来说不是太大的威胁，让女孩子面对我生发出母性的本能。

但是，没有人知道我的公共角色让我多么焦虑。放学后，我不跟朋友玩，而是躲进自己的卧室，关上门，把世界紧紧地关在外面，要么阅读故事，要么做飞机模型，要么听收音机里的历险系列故事，完全沉浸在幻想的世界里。在这片小小的天地里，我可以做最自在的自己，做一个关注内心世界的人、一个富有想象力的人、一个与我在学校里满怀焦虑所扮演的外向角色截然不同的人。

这是我的故事，不过从本质上来说，这也是我认识的大多数人的故事，只是这个故事的细节属于我而已。当我们处于孩童期和青春期之间的过渡期时，我们与自己的本源还足够接近，还可以触及内在真相，但同时也意识到了需要"外在"扮演某个人的压力也越来越大，这时候，真正的自我开始感到了威胁。为了应对这种威胁，孩子的生活也变得割裂，他们每天在角色所处的公共世界和内在真我所处的隐秘世界之间切换自己的生活。

当然，孩子的秘密生活成了一些伟大文学作品的灵感来源。在刘易斯的经典作品《纳尼亚传奇》中，年幼的彼得、苏珊、埃德蒙和露西通过一个神秘的衣橱，脱离英国乡村的单调乏味生活，穿越到了一个光明和阴暗共存、神秘与道德要求兼有的平行宇宙，在那里，他们经历了严峻又不无兴奋的内在之旅[3]。我从未怀疑过纳尼亚系列故事的真实性，因为在我的卧室里，也有一个神秘的衣橱！

但是，当我们从文学转向生活时，童年的魅力很快便消失了，取而代之的是成年人的失常状态。随着外部世界的要求越来越高，而且这种要求在早得离谱的年纪便降临到了孩子身上，我们不再走进房间，关上门，走进衣橱，进入内在真我的世界。更可怕的是，我们越接近成年，想象力被扼杀得越严重，而这种想象力是内在之旅不可或缺的一部分。为什么？因为想象我们的生活还存在其他可能性会提醒我们，在我们最真实的自我和我们在所谓的现实世界中扮演的角色之间存在多么令人痛苦的差距。

随着我们在现实世界中越来越执迷于成功，或者只关心生存，我们便与内在真我失去了联结，完全迷失在我们扮演的社会角色中。那个在放学后拥有一个无伤大雅的秘密的孩子，变成了一个头戴面具、身披盔甲的成年人，让自己、他人和整个世界都付出了巨大的代价。我们很多人都很熟悉这些代价：

- 我们感觉到生活中丢失了什么，于是满世界寻找，却不知道丢失的正是我们自己。
- 我们觉得自己是虚假的，甚至觉得自己是个隐形人，因为我们不是以真实的面目生活在这个世界上。
- 我们内心的光明无法照亮这个世界的黑暗。
- 世界的光明无法照亮我们内心的黑暗。
- 我们把内心的黑暗投射到别人身上，制造出一些"敌人"，让世界成为一个更加危险的地方。
- 我们的虚假和投射黑暗让我们无法拥有真正的关系，致使我们走向孤独。
- 我们对这个世界的贡献，尤其是通过工作所做的贡献，被言行不一所玷污，失去了真实自我所具有的生生不息的能量。

这些都不是好的生活状态，但在我们中间并不少见，部分原因是大众文化非常推崇造成这些割裂状态的思维方式。比如，我们从小就被告诫"不要袒露自己的内心""不要让别人看到你的牌"等，让我们觉得"头戴面具、身披盔甲"才是安全和明智的处世方式。

但是我们的文化在这方面是迟滞的。事实上，我们在彼此身上觉察到的割裂程度越深，就越感到不安全和不明智。在跟家人、朋友、同伴、陌生人打交道的过程中，我们每天都问自己，是否"我们的所见即所得"？而其他人也在问同样的问题！在充满危险的世界里，人类寻求安全的最古老的方法之一，就是对内在和外表是否一致持谨慎态度。

"这个人的内在和外表是一样的吗？"孩子们在心里这样度量自己的父母。同样，学生面对老师，职员面对上级，病人面对医生，民众面对政治领袖，都在问同样的问题。如果答案是肯定的，我们会放松下来，相信我们在诚信的环境里，内心会觉得足够安全，投入到这段关系及周围的一切中。

如果答案是否定的，我们便会保持高度警觉。因为不知道自己面对的是什么人、什么事情，没有安全感，所以我们躲在内心深处，不愿投入自己的精力、天赋，不愿做出承诺。学生不愿意承担学习所涉及的风险，职员不用心工作，病人在治疗过程中不配合医生，民众不参与政治活动。这种内在与外表的不真实，包括我们在别人身上觉察到的不真实和别人在我们身上觉察到的不真实，在不断地削弱我们的士气，破坏我们的关系，削弱我们把工作做好的能力。

因此"头戴面具、身披盔甲"并不是什么安全和明智的处世方法。如果我们内在真我中的真实能更深地触及我们的社会角色，那我们的安全感和明智程度将得到极大幅度提高。一个坦诚面对学生的老师，其教学效果比一个只是漠然讲述知识的老师要好得多。一个真诚待人的主管，比照本宣科的主管更能提升下属的工作业绩。一个在工作中真心对待患者的医生，比一个与患者保持一定距离的医生能取得更好的治疗效果。一个展现出真诚本色的政治家能帮助我们重获民众的信任，而这种信任是真正的民主和卑劣的伪民主的试金石。

成为整全的成年人

割裂的生活可能很常见，但整全永远是一种选择。一旦看到了自己的割裂，我是会继续过着割裂的生活，还是努力让自己的内在世界与外在世界重归合一？

不用说，整全状态当然好。答案似乎很清楚。可是我们都知道，实际做起来并非如此。我们一次又一次地背弃整全，落入下面这种熟悉的自我逃避模式——

- 首先是否认：我对自己的觉察肯定不是真的！
- 然后是模棱两可：内心的声音很轻、很小，而真相又是那么微妙和难以把握，我怎么能确定我的内在真我在说什么？
- 之后是害怕：如果让内心的声音来支配我的生活，在这个追求真实有时会受到惩罚的世界里，我会付出什么样的代价呢？
- 再之后是怯懦：割裂的生活可能是毁灭性的，但至少我熟悉这种生活，而在它之外则是未知的领域。
- 最后是贪婪：在某些情况下，愿意压抑自己的内在真我是能得到回报的。

这种自我逃避模式非常强大而且持久。不过这里有个真实的故事，讲述的是一个人找到了打破这种模式的勇气，不再自我逃避，而是拥抱自己的真实。

这个故事发生在我带领的一次静修会上。这次静修会的成员是大约 20 位来自华盛顿的政府官员，他们通过竞选上任，怀抱一颗为民服务之心进入政府。他们的共同之处是当时都处于自己的价值观和强权政治之间的痛苦冲突中，也都想在通往"不再割裂地"生活的旅程中寻求支持。

其中一位成员在艾奥瓦州东北部务农 25 年之后，进入美国农业部工作了10年。当时,他的办公桌上放着一份关于保护中西部表层土壤的提案。由于农业综合企业把自己的短期利益置于土地的健康之上,中西部表层土壤正在迅速流失。他反复说,他那颗"农夫的心"知道怎么处理这个提案,但他的政治直觉警告他,听从自己内心的声音会导致严重的后果,尤其是他的顶头上司肯定会给他制造很多麻烦。

在最后一天的上午,这位农业部官员睡眼惺忪地告诉我们,一夜无眠后,他想明白了,他要回到办公室,听从自己"农夫的心"来处理那个提案。

听到他的决定,大家沉思不语。过了一会儿,有人问他:"你的上司是反对你这么做的,他那边你怎么办呢?"

这位农夫出身的官员说:"肯定不好办。不过在这次静修会上,我记起了一件重要的事情——我是对土地负责的,不是对上司负责的。"

因为这个故事是真的,所以我没法给它一个童话般的结局。我不知道这位农业部官员返回办公室后,有没有完全照他说的去做;等他回到家,他的决心可能已经减弱了。即使他的决心依然坚定,中西部表层土壤也还有待拯救;政策制定过程太过复杂,不可能因为一个人拥抱真相的一刻而改变方向。这位农业部官员踏上了内在之旅,我不敢说这解决了他自己或表层土壤的问题,就像我不敢说我去边界水域解决了我的问题或世界的问题一样。

但有一点我是可以断定的:我们与内心真相之源的每一次接触,都会让所有相关人员在道德方面有所提升。即使我们不能完全依从它的指引,我们也会向那个方向更靠近一点。下一次当我们陷入内心真相和外在现实的冲突时,便不那么容易忘记或否认我们有一位对我们的生命有所要求的内在导师。

割裂的生命是受伤的生命,内在真我一直在呼唤我们疗愈伤口。如果忽视呼唤,我们会发现自己在找一种麻醉剂来麻痹自己,不管是药物滥用、过度工作、消费主义还是空洞无聊的媒体噪声,都属此类。在一个希望我们保持割裂并且意识不到这种痛苦的社会里,这样的麻醉剂唾手可得,虽然割裂的生命对个人来说是病态的,但是有利于社会系统的运转,尤其是就那些在道德上存疑的功能来说。

当那位农业部官员远离自己的内在真我时,他的部门做那些事情——不关心土地的健康,一味迎合农业综合企业的游说团体——要更容易一些。不过一旦他或我们中的任何一位把内在真我与社会角色再次合一,他和我们所在的机构就会发觉做这些事情更困难一些:掠取另一个生态系统来满足企业的贪婪,解雇上万名低收入员工以最大限度地增加富人的利润,或者通过另一项福利"改革",让单亲母亲及其孩子处于更加糟糕的境地。

当然,如果那位农业部官员开始"对土地负责",他可能会在上司眼里变成不受待见的员工。可能有人会告诉他,不要特立独行,否则会失去权力,甚至失去工作,我们的机构向来会惩罚那些活得整全的人。

谁都不想因为拒绝过割裂的生活而受到惩罚,但是世上最大的痛苦莫过于终生都活在谎言中。当我们更接近自己内心的真相(明白到了生命的尽头,最重要的是知道自己这辈子做到了忠实于自己)时,机构对我们生活的影响力便会开始减弱。

这不是说我们必须放弃机构。事实上，当我们依从内在真我的指令生活时，我们便会有勇气更加忠诚地为机构服务，帮助机构抵制它不履行自身使命的倾向。如果那位农业部官员听从他那颗"农夫的心"处理提案，他不仅没有拒绝承担他在机构中担负的责任，反而完全担起了自己的责任，帮助他的部门回归到更高层次的目标上来。

把内在真我与社会角色再次合一不是容易的事情。在本章开头引用的里尔克的诗中写到了童年的"快乐之翼"，在这首诗的最后一节里尔克写了成年以后该做的事情：

> 把你练就的能力
> 延伸出去
> 让它跨越两个矛盾之间的鸿沟[4]

比起恢复童年时期在两个世界中穿梭的能力，成年人想过整全的生活要困难得多。作为成年人，我们必须实现复杂的整合，跨越内在真相和外在现实之间的矛盾，既能实现个人整全，又能符合公共利益。这绝对不是容易做到的事情。但是正如里尔克所言，通过这样做，我们把自己内心神圣的东西献给了这个世界。

虚假的社群

割裂的自我如何变得合一？在我们讲求实用的文化里，关于"怎么做"的问题有很多，由此也引出了很多机械式的回答："这个计划分为10个步骤，不管是在家里，还是在从肯尼迪国际机场到洛杉矶国际机场的航班上，你都可以按照这个计划，一步一步实现合一的生活！做这些练习吧，它们将彻底改变你的一生！"

当然了，这种方法是"包治百病"的狗皮膏药。快速解决问题的心态主宰着我们这个浮躁的世界，这种心态只会在走向整全的终生旅程中对我们造成干扰。另外，我们这个时代非常流行自助方法，虽然一些很好的自助方法能够为我们的旅程提供支持，但总体来说，它们有时候强化了美国的伟大幻想，即我们永远可以独自前行。

当然，独处对个人整合来说至关重要。在生命的原野上，有些地方无人能陪伴。但是，因为我们是需要相互支持的群居动物，而且如果任由我们自行其是，我们将陷入无限的自我沉迷和自我欺骗，所以想要把内在真我与社会角色再次合一，社群同样至关重要。

那位农业部官员的故事就是一个很好的例子。很明显，他的旅程有独处的一面。几个星期以来，他一直在独自思考自己的问题，而且他的突破点出现在一个无眠的深夜，这是我们所知的最孤独的时刻之一。但是，假如他没有参与那次静修会的活动，他可能不会取得突破：要避免内心无休止地在困境中打转，他需要在其他人面前把内心深处的话语说出来。

我把这种知道怎样欢迎内在真我，并且帮助我们听到内在真我声音的社群称为"信任圈"。[5]

围成一圈聚在一起是一种古老的做法，现在又重新流行起来。我们有改善沟通的对话圈、就危机进行谈判的冲突解决圈、探讨情感的心理治疗圈、解决难题的问题解决圈、为共同事业打气的团队建设圈、深化教育的合作学习圈。这些圈子都很有价值，但没有一个圈子具有信任圈的存在目的。信任圈的存在目的非常独特：营造一个安全的空间，让内在真我愿意出现，并给我们指引方向。

事实上，有些圈子对内在真我来说是不安全的，这是20世纪60年代我在伯克利读研究生时的惨痛教训。跟那个年代的很多美国人一样，我热衷于学习与内在生命相关的东西，并希望用它的力量来治疗各种社会弊病。在这个过程中，我发现自己有时候和一群人围坐在一起，他们探索想法、寻求变革、做业余团体治疗，或者杂乱地把这三者糅合在一起。

一开始，这些聚会很让我着迷。我成长于隐忍克制的20世纪50年代，习惯了笔直成排的坐法。来到伯克利以后，我发现这里的围成一圈的坐法很新奇、充满活力和令人振奋，但我很快不再迷恋。有些圈子重复来又重复去，没有带给我们任何有用的东西。有些圈子的活动打着某种幌子，但几乎完全是自我迷恋，沾沾自喜于他们那浮夸的虔诚。有些圈子则根本不安全，成员被人操纵，有时候甚至受到来自圈子本身的侵犯。

不是所有的圈子都尊重内在真我，有些圈子侮辱和侵犯内在真我，例如20世纪60年代兴起的所谓T小组或会心团体。这些圈子的基本规则是每个成员都必须"愿意透露自己此时此刻对团队中其他人的感觉，并征求其他人对自己的反馈"。

实行这一规则可能会让人在表达时比较坦率，但当人们发现"那时那刻"的感觉是多么短暂和不可信时，这种坦率往往会让他们感到后悔。也许在某些情况下，即时表达情绪是有用的。即使是在最好的状态下，T小组也无法让人愿意袒露自己的内在真我，因为内在真我不信任对抗，对抗的力量远比一时的感觉强大得多。

时至今日，我们仍能找到那些把内在真我吓跑的圈子，它们不仅存在于残余的反主流文化中，还存在于核心的主流机构中。我曾与一位任职于《财富》世界500强公司的高管有过一次谈话。这家公司正在努力改变自己的企业文化。他说，为了把工作做得更好，公司一直在进行组织扁平化的调整，他们从办公室的墙上撤下了金字塔形的组织结构图，挂上了新的环形的组织结构图。在这种环形的组织结构中，管理人员和工厂工人共享信息、联手找出问题所在并一起做出决定。

但是，这位高管和他的一些同事开始认识到，很多人表面上参与那些"平等的"圈子，但心里却暗暗地有一套等级制度。他是这么说的：

> "圆圈的这边坐着一位管理人员，他在无声地说，'好吧，我就玩一会儿这个游戏。但是到了关键时刻，我才是那个懂行的人，我才是那个名言正顺地有权做出正确决定的人。不管这些人说什么，回到办公室后，我会想方设法避开他们的想法。我会参与这个圆圈游戏，但只是走个过场而已'。
>
> "圆圈的另一边坐着一位工厂工人，他在无声地说，'好吧，我就玩一会儿这个游戏。但是我拿这么点工资，为什么要去担心这样的事情？我只想在公司把分内的工作做完，下班后就没事了，回家过我的日子。再说了，管理人员会想办法把这些事办

妥的。我会参与这个圆圈游戏，但只是走个过场而已'。"

这位高管继续说道："如果我们没法解决这些内在问题，那我们就需要把原来的金字塔形的组织结构图重新挂起来，因为它比那个小'圈子'游戏更能如实地反映公司的现状。只要我们在伪装，我们的工作就不会有改进，还可能会倒退。"

即使 20 世纪 60 年代你没在伯克利参加那些圈子，也不喜欢 T 小组的风格，那你也可能不情不愿地参与过这种做样子的事情，因为在很多工作场所中，它已经成了标准做法。我们可以把椅子围成一个圆圈，但只要坐在椅子上的人内心有等级观念，那么这个圈子本身就是割裂的，变成另一种"活在谎言里"的形式：一个虚假的社群。

真实的社群

离开伯克利 5 年后，我又重新坐在了圈子里。这次是在费城附近一个叫彭德尔山的生活和学习社区。从 20 世纪 70 年代中期开始，我在那里生活了 11 年。我很快发现，这些圈子跟我以前参加的那些不一样，人们不冲动、不咄咄逼人、不自吹自擂，也不喜欢操纵别人，而是温和、尊重他人、虔诚地对待自己和这个世界。慢慢地，这些圈子改变了我的生活。

在这些安静的圈子里，人们不像在伯克利的圈子里那样做业余的心理治疗或者搞虚头巴脑的政治。他们从事的心理治疗和政治建立在正确理解的基础上：向内追求自己的整全，向外满足社会的需要，并且在实际生活中尽力做到内外兼顾。

在这些安静的圈子里，我见过人们受到挑战，但从未见过有人受到伤害。在这里，较之我以前的经历，我目睹了更多的人完成个人转变，也见到了更多的人承担自己的社会责任。

我在彭德尔山参加的信任圈是一种比较罕见的社群形式，它不是替代个人追求整全，而是支持个人追求整全。这些信任圈根植于两个基本的信念：第一，我们都有一个内在导师；第二，我们都需要其他人来邀请、支持和帮助我们辨别内在导师的声音。原因至少有三个：

- 通向内在真相的旅程太过艰辛，无法独自完成。如果缺少支持，孤独的旅行者很快就会疲倦或者恐惧，并可能弃之而去。
- 这条路太过隐蔽，需要有旅伴同行。在寻找自己道路的过程中，我们会遇到微妙的有时甚至是误导性的线索，这时候唯有从对话中我们才能获得辨别是非的洞察力。
- 目标令人望而却步，无法独自到达。我们需要社群的帮助来获得勇气，追随内在导师的召唤，勇敢地踏上那片陌生的土地。

关于辨别这个词，我想多说几句，这个词的意思是"区分事物"。看到这个词，我又想起了刘易斯的《纳尼亚传奇》，想起了孩子们从神秘的衣橱进入的那片内在之地。纳尼亚有很多美好和美丽的东西，特别是回响在那片土地上的真相之声——狮王阿斯兰的声音。那片土地上也有诱惑、欺骗、黑暗和邪恶的声音。这些混杂在一起的真假善恶,让四个孩子在多个向导的引领下,经历了整整七本书所讲述的陷阱和危险,才辨别清楚并走向真相。[6]

偶尔,我听到人们说:"这个世界太让我困惑,我只有到内心世界里去才能找到清晰的东西。"就我个人而言,我发现"内心世界"与"外部世界"一样令我困惑,甚至内心世界让我更为困惑!而且我认为大部分人都有同感。如果我们在纽约市迷路了,我们可以买张地图,问问当地人,或者找个熟悉道路的出租车司机。但是在内在之旅中,我们所能得到的唯一指引来自与他人的关系。在这些关系中,他人能够帮助我们辨别内在导师的声音。

我在彭德尔山了解到的那种社群不像有些社群那样擅自"替"我们辨别:"你把你心里想的真相说出来,我们来告诉你是对还是错!"与之相反,在信任圈的空间里,我们可以以自己的方式和时间,在其他人的陪伴下(这种陪伴有鼓励亦有挑战),自己做出辨别。

与那位农业部官员同行来到静修会的人,无疑可以为他的困境提供成熟的建议。但在他内在之旅的那个时刻,他必须认真对待他的内在真我,所以他需要愿意闭口不提建议,懂得如何邀请他的内在真我发声,并允许他独自聆听内在真我声音的人。

幸运的是,与他坐在一起的人,在信任圈所秉持的原则和做法的指引下,没有试图"让他了解真相"。相反,他们在他周围营造了一个共有的空间,让他可以在那里分辨内心的声音哪些来自真相,哪些来自恐惧。当他说出从内心听到的真相时,这些人见证他的自我发现,帮助他强化自我意识,让他跟随内在导师的决心更加坚定。

从下面这个故事中,我们也可以看到一个社群欢迎内在真我时会发生什么事情。在我带领的一个信任圈里,有一个种族主义的受害者。在为期三天的静修会上,他只说过一两次话,大部分时间他都坐在那里沉默不语。我觉得他的脸上戴着一副悲伤的面具。因为他是个非裔美国人,而小组成员主要是白人,我担心他不仅在遭受原来的痛苦,而且身处这个小组中还会加深他的痛苦。

在那三天,即使在这样一个安全的信任圈里,他也感到难以融入,这让我很担忧。但我们都遵从这种社群的基本规则,所以没有人试图去"纠正"他。相反,我们以安静和尊重的方式来对待他和他的内在真我,虽然需要很强的意志力才能做到不去劝慰他。

最后一天早上,我起得很早。我坐在公共休息室里,一边喝咖啡,一边拿起静修会职员放在那里让客人写感想的留言簿。在最后一页,我发现了下面这些潦草的文字,署名的正是那个让我非常担忧的人:

> 感谢你们帮我处理了一些愤怒的情绪。人生太短,不能让自己的路上遍布荆棘。我还没有完全疗愈,但疗愈的过程已经开始。我希望把在这里得到的爱和关心回馈给他人。这次静修会让我开始处理一些萦绕在我心底的可怕往事!美国的佐治亚州、得克萨斯州,还有越南,都是我的深渊。㊀现在疗愈的

㊀ 这位留言者曾经参加过越南战争,而佐治亚州和得克萨斯州是美国种族歧视比较严重的两个州。

过程已经开始,我觉得内心很有力量,而且第一次能够感受到某种安宁。[7]

读着他的留言,我意识到在过去的三天里,他一直在与他的内在导师交谈,这比与我们交谈要深入得多。我再一次深深地感激我在彭德尔山参与过的圈子,感谢它们让我认识到内在真我的真实和力量,感谢它们教会我这种让大家身心在一起的方式,以及当我们这样做时可能发生的奇迹。

如果想让自己和这个世界获得新生,我们就需要有越来越多这样的圈子。在这样的圈子里,大公司的员工能够承认隐藏在眼皮底下的秘密;一个有25年务农经历的政府官员在面对冲突时,能够记起他是对土地负责的;一个种族主义的受害者能够走向疗愈。我们需要越来越多这样的圈子,从这里我们可以回归到一个割裂更少、与我们的内在真我联结更多的世界。

本章描述的圈子在10～30人,不过信任圈不是由人数多少定义的,而是由它在每个人之间营造的空间性质定义的。韦尔斯利学院(Wellesley College)院长戴安娜·查普曼·沃尔什(Diana Chapman Walsh)为人诚信,让我深感钦佩,她曾在一篇文章中写道,她创建了几个小"圈子",这让她得以在复杂又充满压力的工作中保持自己的整全感:"我交往的这些人能把我更好的一面带出来,在他们面前我可以做真实的自己。只要有可能,我都会记得跟那些曾与我同甘共苦的人交流,跟那些能在我心中唤起这种安全感的人交流。"[8]

两三个人聚在一起,只要他们知道怎样为内在真我营造并呵护好一个空间，就可以形成一个信任圈。

人们在一个让内在真我感到安全，从而支持内在之旅的信任圈里到底会做什么呢？本书的下半部分会非常详细地谈论这个问题。不过，如果不了解信任圈背后的两个重要原则，仅了解营造信任圈的一些具体做法是没有多大意义的。这两个原则是：内在真我是真实的、有力量的；只有在一些具备某些品质的关系中，内在真我才能感到安全。接下来的两章会谈到这两个重要原则。

A HIDDEN WHOLENESS

| 第3章 |

探索真我
内在真我的暗示

灵性基因

谈到"真我",孩子们最契合这个话题,因为他们是那样接近自己与生俱来的天赋。所以在本章的开始我会再次思考一下童年,不过跟第 2 章不同的是,这次我不会回顾自己的幼时岁月,而是站在我 65 岁的角度来看一下别人的童年时光。

我第一个孙辈出生时,我从她身上看到了 25 年前我在自己孩子身上忽略的东西。那个时候,我太年轻、太专注于自我,无法深入地看到任何人,包括我自己。我在孙女身上看到的东西很简单,也很清楚:她来到世上时是这样一种人,而不是那样一种、另外一种或别的一种人。

例如,她在婴儿期几乎一直都很平静和专注,安静地吸收着周围发生的一切。她看起来好像"明白"一切事情——品味着生活中的悲欢哀乐,耐心地等待自己可以开口说话、能对这一切发表评论的那一天。现在,她十几岁了,表达能力很强,是我最好的朋友之一,她依然跟小时候一样,看起来像个"老灵魂"。

实际上，在我孙女身上，我观察到了我以前只在头脑层面相信的东西：我们生来带有一颗自己的种子，它包含着我们独特的灵性基因，用编码的方式记载着我们是谁，为什么来到这里，我们与其他人是什么关系。

随着时间的流逝，我们可能会忘记种子里的东西，但是它永远不会离弃我们。我觉得非常有意思的是，老人们经常忘记很多事情，记起的童年往事却是那样生动，那是他们一生中最像自己的时候。内心那永恒的真我让他们回归到与生俱来的本性，随着年龄的增长，他们身上的真我愈加明显，这或许是因为，衰老让他们褪去了所有不真实的部分。

哲学家们对如何称呼人的这个核心争论不休，但我并不执着于给它起个精确的名字。真我、本心、本性、内在导师、内在之光、神圣的火花、自我、灵魂，都是它的别名。到目前为止，我在书里已经用过以上大多数名字来称呼它！

我们怎么称呼它，对我来说无关紧要，因为不管我们怎么称呼它，我们永远都无从知晓它的起源、性质和命运，也没有人可以言之凿凿，宣称知道它真正的名字是什么。但是给它起个名字是非常重要的事情，因为"它"是客观的、本体的自我，使我们不至于把自己或对方贬低为生物装置、心理投射、社会学里的杜撰物，或者社会的原材料，社会需要什么就把我们制造成什么——这些对人性的贬低在不断威胁着我们的生活质量。

"没人知道内在真我是什么，"诗人玛丽·奥利弗（Mary Oliver）说，"它来去无影踪，犹如掠过水面的风。"[1]但就像我们能说出风的作用一样，我们可以说出内在真我的一些作用，而不必去探究它的奥秘：

- 内在真我想让我们扎根于自己的存在，抵制其他东西如智力和自我（ego）让我们一改本来样子的倾向。
- 内在真我想让我们与帮助我们找到生命意义的社群保持联结，因为它知道关系对我们的成长来说不可或缺。
- 内在真我想告诉我们关于我们、关于这个世界以及我们和这个世界之间关系的真相，不管这个真相为我们所喜闻乐见还是难以接受。
- 内在真我想给予我们生命，让我们将这份礼物传递下去，做一个生命的给予者。

我们来到世上时，内在真我处于完美状态。但从出生的那一刻起，内在真我便开始受到内外两种力量的双重攻击：内有嫉妒、憎恨、自我怀疑、恐惧以及内在生命所遭遇的其他心魔；外有种族歧视、性别歧视、经济不公平和其他的社会症结。

大多数人可以列出一长串内在真我的外在敌人，我们相信，如果没有这些外在敌人，我们会是更好的人！我们太过于不假思索地把问题归咎于"外在的"力量，所以有必要看看自己是不是经常参与扭曲自己内在真我的行为：对于每一种要扭曲我们内在真我的外在力量，在我们内在都有一个潜在的合作力量。我们有想说真话的冲动，但因为害怕惩罚便偃旗息鼓，这是因为我们把安全看得比诚实更重要。我们有想站在弱者那边的冲动，但因为害怕失去社会地位便打消念头，这是因为我们想成为一个受欢迎的人，而不是为大家所厌弃。

如果我们拒绝与这些力量合作，它们对我们的影响便会减弱。但拒绝是有风险的，所以我们便否认内在真相，过起"自我扮演"的生活，背叛了我们的内在真我。[2] 然而内在真我不断呼唤我们回归到我们刚来到世上时的样子，回归到有根基、有联结的整全生活。

怀疑真我

玛丽·奥利弗说："内在真我是存在的，它的存在完全取决于你是否认真倾听它的声音，这是我所知道的最棒的、最明智的事情，也是我最早知道的事情。"[3] 但是我们的文化并不鼓励我们关注内在真我，而对内在真我缺乏关注的后果，就是过着没有内在真我的生活。

在我们的文化中，有两种因素导致了我们对内在真我的忽视：一种是世俗主义，认为人的自我是一种没有受造核心的社会建构；另一种是道德主义，认为一切对自我的关心都属于自私自利。世俗主义和道德主义听起来可能相互矛盾，但它们在这里的作用是相同的，都让我们否认真我。如果我们认同它们对现实的曲解，那么走向整全的内在之旅必将是徒劳一场，所以先理解为什么这二者关于我们状况的观点是错误的十分重要。

世俗主义认为，我们来到世上时不是独特的个体，而是具有可塑性的原材料，因为出身的不同而带上了不同的性别、阶层和种族的印记。当然，我们有遗传而来的天性，它给予了我们一些潜能和局限。但从世俗主义的立场来看，如果相信我们生来带有一个不可侵犯的内在真我、一个客观存在的自我、一个天赐的自我核心，则纯粹是无稽之谈。

然而，即使面对这种怀疑的态度，真我的观念依然一直存在，这不是因为什么理论，而是因为一些具体的体验，如果真我是一种幻觉，那么我们不会也不可能拥有这些体验。

例如，有个我们在乎的人过得非常不顺。他做了一些错误的选择，陷入了绝望，我们无法理解他为什么会到这个地步。我们感慨："他都不是我们认识的那个人了，他完全不是他自己了。"又例如，我们在乎的某个人在多年的自暴自弃之后，她学会了热爱生活。我们非常高兴："她成熟了。她终于找到了真正的自己。"在我们认识和关心的人身上，我们观察到他们的真我，并经常以此作为基准来判断他们是否幸福。

更深入的是，我们在自己的自我意识和体验中发现了真我存在的证据，如果生物学、心理学和社会学是我们的全部，我们就不会有这些体验。当我遇到一个痛苦的真相，我的自我在想方设法逃避，而我的内在导师却迫使我去面对它时，我知道我有真我。当我去掉心中自我保护的屏障，打开心扉，全心全意、感同身受地感受别人的痛苦或快乐时，我知道我有真我。当孤寂来袭，我失去了生活的兴味，但内在仍有一股不屈不挠的生命力时，我知道我有真我。

但是，真我存在最有力的证据，莫过于看到失去真我时的生活是什么样子，这是我在治疗抑郁症的过程中学到的一课。[4] 当然，抑郁症有多种成因。有些是因为遗传，有些是因为脑部化学物质不平衡，在这些情况下，抑郁症必须用药物治疗。还有一些是因为真我被埋藏得太深，以至于生命变成了灵魂的漫漫长夜。我的抑郁症就属于后面一种：药物只能起一时作用，直到我接受自己的真相，它才停止复发，终告痊愈。

抑郁症可能源自不接受自己的真相这一观念已经得到了科学的间接支持。密歇根大学进化与人类适应项目主任伦道夫·内斯（Randolph Nesse）提出，抑郁症"可能是在预期目标无法实现的情况下出现的进化反应"，在这种情况下，人生的某条道路逐渐消失在森林中。内斯认为，抑郁症彻底耗尽了我们的意志和精力，让我们无法在那条曾经令人向往的道路上继续走下去。至少对我们来说，这条路已经无法通行。我们必须找到另一条更适合我们本性的路，从而有助于个人的生存和人类物种的成功进化。[5]

内在真我的作用之一是给予我们生命，并让我们将生命传递下去——这是"物种成功进化"在内在真我语言中的说法。有鉴于此，我觉得在这里很难区分"生物适应"和"内在真我的抗议"！实际上，内斯用来解释其理论的比喻，即逐渐消失在森林中的道路，最著名的说法是出自人类心灵地图的伟大制图师但丁："在人生的中途，我在黑暗的森林里，迷失了正确的道路。"[6]

无论如何，抑郁症于我是内在真我的呼唤，呼唤我停下来、转身，回去寻找一条我可以协商的道路。如果我们忽视内在真我的呼唤，固执地坚持下去，那么本来就因为不接受真我而产生的抑郁症，可能会带来比忧郁和倦怠更糟糕的东西：结束生命的强烈愿望。

我当时的情况就是这样，现在回头看看过去，我明白了这是为什么。那时，我的外在生活远离内在真相，这使我不但走在错误的道路上,而且每走一步,都是在扼杀我的自我。当一个人活得如同行尸走肉,步入真正的死亡就是一件很容易的事情。药物可以缓解这种抑郁症的症状,但无法真正将它治愈。只有选择过整全的生活,我们才能重新拥有自己的生命。这个选择是如此令人畏惧,或者说,在深陷抑郁时这个选择看起来那么令人畏惧,我们不到痛苦得无法忍受的程度,是不会做出这个选择的。这种痛苦,来自否认或不接受真我。

世俗主义把我们视为原材料,从而否认了真我,而道德主义——这对奇怪夫妇中虔诚的伴侣——通过把"自我"解释为"自私",并坚持让我们从字典里剔除"自我"这个词,也达到了否认真我的目的。道德家们宣称,社会的全部问题就在于太多人为了自己而牺牲了其他人。他们认为,这种新时代对自我实现的强调,这种持续的"自我崇拜",是我们周围社群分裂的根本原因。

我们对彼此命运的深切关怀看起来确实在减少,但我不认为新时代的自恋主义是主要原因。导致美国社会道德冷漠现象的外在原因有三个:一是支离破碎的大众社会让我们倍感孤独和害怕;二是经济系统把资本的权利置于民众的权利之上;三是政治进程把公民变得微不足道。

这些力量允许甚至鼓励无节制的竞争、对社会不负责任以及经济上的适者生存。那些攫取巨额金钱把大公司拖垮、让收入微薄的工薪阶层失去退休金的高管,显然更多地受到了这种低水准的资本主义道德准则而非某些新时代大师的影响。

在我进一步追究责任之前,我先指出道德家们那些抱怨中存在的真正问题：他们宣称"自我崇拜"统治着这片土地的说法缺乏证据。我去过很多地方，见过很多人，但道德家们所说的那种特别自负和自我、把自己放在第一位、好像拥有国王般权力的人，我很少遇到。

相反，我遇到过太多深受自我空虚之苦的人。取代自我的是内心的无底深渊，他们试图用一些外在的东西来填补内心的空虚，比如在竞争中获得成功、消费主义、性别歧视、种族主义，或者其他一切让他们产生优越感的东西。我们接受这样的态度和做法，不是因为我们把自己看得高人一等，而是因为我们根本感受不到自我。贬低别人成了通向自我的途径，如果我们知道自己是谁，就根本不需要走这条途径。

道德家们似乎相信我们处于一个恶性循环中——个人主义的兴起及其内在的自我中心导致了社群的衰落，而社群的衰落反过来又为个人主义和自我中心提供了更大的舞台。在我看来，事实却大相径庭：由于社群被各种政治和经济势力撕裂，越来越多的人患上了"自我空虚综合征"。

一个强大的社群有助于人们培养真我的意识，因为只有在社群中，自我才能得到锻炼并实现其本质：给予与索取、倾听与交谈、存在与行动。但是当社群解体，我们彼此之间失去联系时，自我就会萎缩，我们与自我也将失去联系。假如在人际关系网中缺少做自己的机会，我们的自我意识就会消失，而之后的行为会进一步分裂我们的人际关系，使越来越多的人遭受内在空虚之苦。

抑郁症是"自我空虚综合征"的极端形式，是非常接近死亡的自我毁灭。从我患抑郁症的经历来看待我们的社会，我很确定道德家们错了：描述、拥有和培养真我从来都不是自私的行为。

当然，确实有自私的行为，但那些行为源自空虚的自我，我们在填补空虚的时候伤害了他人，或者伤害了自己，从而让那些关心我们的人感到悲哀。当我们植根于真我时，我们就可以为自己，也为那些与我们的生命有交集的人带来生机。从长远来看，我们为呵护真我所做的一切，都是给予世界的礼物。

割裂的生活

我们来到世上时，是合一的、整全的、完整的。但是或早或晚，我们都在内在生活和外在生活之间筑起了一道墙，以期保护自我或者骗过周围的人。只有割裂的痛苦超过了我们的忍受程度，大部分人才会踏上通向"不再割裂地"生活的内在之旅。

我想更详细地研究这些人生片段，所以在此请你们制作（或在想象中制作）一个简单的视觉辅助工具：取一张信纸大小的纸，沿着长边剪下一条大约1.5厘米宽的纸，留着它，把其余部分扔掉。

用这个纸条的其中一面来代表你的外在生活或舞台生活。在这里，描述我们这部分生活的词是形象、影响和影响力，这些词道出了我们与这个世界互动时的希望和恐惧。有人在听我说话吗？我有没有带来什么改变？我努力的时候看起来怎么样？

用这个纸条的另一面来代表你的内在生活或后台生活。描述内在生活的词没有那么让人焦虑，而且更多地与内省相关，例如观念、直觉、感情、价值观、信仰，以及产生这些词的深层来源，我们有很多词来指代这一来源：头脑、心、精神、真我、灵魂，或者无以名状的东西,你可以从中任选一个。

我认为,我们的后台生活和舞台生活之间的关系会经历四个阶段。第一个阶段是刚来到世上时,那时我们的内外生活完全没有分离。正因为如此,大部分人都喜欢跟婴儿和小孩子在一起,因为跟他们在一起时,我们的所见即所得。无论婴儿想什么,他们都会立刻表达出来,不管是比喻的说法还是从实际来说都是如此!在一个全新的生命面前,我想起了整全是什么样子。有时候我对此感触很多,忍不住想:"是什么造成了我现在的样子?"

在第一阶段,我们尚不需要那个视觉辅助工具,因为在周围小孩子的身上,我们可以看到这个阶段的状态是什么样子。但是到了第二阶段,那个简单的道具就派上了用场。在第二阶段漫长的生命历程中,我们在内在真相和外在世界之间筑起了一堵墙,并不断加固。让我们拿出纸条,两手各执纸条的一端把它展开,放在与我们眼睛平齐的位置,平面向着自己,这个纸条代表了我们告别童年、走向青少年和成年时为自己筑起的那堵分离之墙(见图3-1)。

图3-1 纸条代表分离之墙

不幸的是,有些孩子在家里就需要这堵墙,有些孩子上学以后才需要它。迟早所有人都需要一堵墙,目的都是抵御外在的威胁,保护我们内在的脆弱。当我们开始意识到这个世界是个危险的地方时,我们就把自己最脆弱的部分,即我们的信念和自我,用墙隔离起来对它加以保护，虽然有时候保护它是件非常困难的事情。

有些人相信，只有通过伪装才能逃避世界的残酷。对于这些人，无论老少，我唯有报以同情。但人们有时会因为一些只能称为邪恶的原因而隐瞒自己的真相：他们对他人隐瞒自我，只因为这种欺骗行径可以为自己带来不正当的权力。

割裂的生活是病态的。但是有一些割裂的生活的病态程度太过显著，也太引人注目，可能会让我们忽视自己身上不太显眼的病症，毕竟说到底，我们都身患同样的疾病。所以我用自己的割裂之旅来作为第二阶段的典型例子。

我很幸运，生在一个可以安心做自己的家庭里，所以我的割裂之旅不是从家里而是从学校开始的。在进入学校后，尽管我成功地扮演了一个"优秀的"和"受欢迎的"学生，但我并没有获得安全感。我把"优秀的"和"受欢迎的"加上引号，是因为那个角色让我觉得非常虚假。当我在他人面前扮演自己的舞台角色时，我的真我躲到了后台，担心这个世界会摧毁我最深层的价值观和信念，击垮我脆弱的希望和渴求。

对我来说，受教育的程度越深，就越觉得学校不安全。尤其是念研究生的时候，似乎只有把真实的自己隐藏起来，我才能在情感上和精神上存活下去。我攻读宗教社会学的博士学位时，跟现在一样，有虔诚的宗教信仰。我并没有期待我的老师们跟我有一样的宗教信仰，甚至并没有期待他们有什么可以称为宗教信仰的东西。我以为他们会像历史学家对待原始文本、遗传学家对待DNA、物理学家对待亚原子粒子一样，对宗教现象能够给予学术上的尊重。

但我很快发现,不是每个老师都这样,有些宗教社会学家孜孜以求的就是揭穿所有与宗教相关的东西。持有这种立场的老师很让我发怵,所以在读研究生期间,我竭力隐瞒自己的信仰。不过我也坦白,这段时期我一直偷偷用 W.H. 奥登㊀(W. H. Auden)诙谐幽默的第十一诫来安慰自己:"不可从事社会科学。"[7]

我一直心存幻想,一旦拿到博士学位,能掌控自己的职业命运,我就再也不必隐瞒自己的信仰了。但我很快发现,跟工作的世界相比,研究生院可以说是一个简单美好的地方。我越深入工作的世界,就越觉得需要将真实的自己隔离,简单地说,就是要让我看起来比真实的自己更精明、更不好对付。

起初,我需要一堵墙来隐藏我的脆弱,以避免外界的攻击。起初我对陌生人隐藏真我,很快便发展成对亲密的人也隐藏真我:在工作中为了保护自己而不断加固的那堵墙,在跟家人和朋友一起时并不那么容易拆除。就这样,我不知不觉地在个人生活和职业生活中都把真我隐藏了起来。接着我对自己也把真我隐藏了起来,现在回想起来,这一步是必然会发生的事情。

割裂的生活存在一个终极的讽刺:在墙后面生活久了,你对世界隐藏的那个真我就从你自己的视野中消失了!这堵墙和它外面的世界变成了你所知道的一切。最后,你甚至忘记了墙的存在,也忘记了墙后面还藏着一个叫"你"的人。

㊀ W.H. 奥登(1907—1973),20世纪上半叶最有影响的英国诗人之一,代表作有《海与镜》《石灰石赞》《阿喀琉斯的盾牌》《向克里奥致敬》《无墙的城市》《谢谢你,雾》等。——译者注

藏在墙后面生活至少有三个后果。第一，我们的内在之光无法照亮我们在世上所做的工作。身为一名年轻的教授，我在终身教职制度的压力下隔离了真我，这意味着我抛弃了一名老师传道受业解惑的心：我讲课不是为了帮助学生学习，而是为了证明自己有多么专业。在那些日子里，常常是"学术成功"星球发出的信号而不是内心的信号在指引我的教学，而后者本来可以让我根据学生的需求来教学。我并没有把最有智慧的东西传授给学生，这让我担心他们经常被我留在了黑暗中。

第二，藏在墙后面生活的时候，世上的光无法穿透我们内心的黑暗。实际上，我们往"外面"看只能看到黑暗，却没意识到其中有多少是自己造成的！年轻时，这堵墙让我把自己的黑暗投射到别人身上，但对别人如何看待自己却一无所知，这实属一种幸福的无知。想起自己30多岁的时候私下评判这位、评判那位时的傲慢劲儿，我感到非常惭愧，当然，现在我知道，我的评判只不过是自我怀疑的投射而已。有时候勇敢的朋友们试图来照亮我的黑暗，但结果可想而知：我觉得他们傲慢，根本不听他们的。

第三，藏在墙后面生活的时候，我们身边的人看到我们的舞台生活和后台生活的差距，开始警惕起来。他们信不过我们的口是心非，为了保护自己，他们开始与我们保持距离。这样一来，原本有可能让我们把自己看得更清楚一点的关系从我们的生活中消失了。这些能帮助我们看到光的人被我们的黑暗的力量驱走以后，最终的结果是我们生活在一个封闭的系统中，一个无所不包、自以为是的地狱。至少我是这样的。

莫比乌斯带上的生活

封闭的系统如何打开？外在的挑战可以激发自我认知，但是内在真我与社会角色之间的墙把所有挑战都阻拦在外，我们还怎么有机会认识到自己不仅仅是与真我处于严重的分离状态，与世界也已经处于严重的分离状态？

只要我们允许，真我是会来拯救我们的。割裂的生活是病态的，所以总会有相应的症状。如果我们承认这些症状，或许我们就能治愈疾病。就我而言，我当时的症状已经不容忽视。抑郁症又卷土重来，我不得不问自己"我是谁？"，那不是抽象的思维练习，而是现实生活对我提出的紧迫的提问。

当然，不是所有人都会患有抑郁症，有些人一开始的时候只是感到漫无目的、焦虑或愤怒。在墙后面生活一段时间之后，大多数人都会在第二阶段的某个时候感到与真我分离的痛苦。如果我们愿意去感受和指出痛苦，而不是试图对它麻木，这种痛苦会打破我们所在的封闭系统，迫使我们从墙后面走出来，迈向疗愈性的第三阶段。

在第三阶段，我们会围绕着自己后台的价值观和信念来重新安排我们的舞台生活，从而逐步达到整合。我们可以用那个纸条来说明这一点。拿出你刚才展开当墙的长纸条，把两端连在一起，做成一个纸环（见图3-2）。这个纸环代表着你推动第三个阶段往前发展的内心渴望："我想以内在真相作为我人生选择的准绳——做什么工作以及怎么做，进入哪段关系以及如何经营这段关系。"

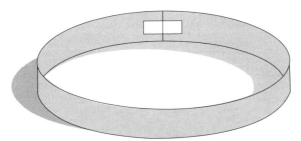

图3-2　做成纸环

这就是对"中心"的渴望,我猜这可能是近几十年来心灵成长图书中最常出现的词之一。当然,以内在真相为中心构建外在生活的愿望是迈向整全的一步。但是正如我们的视觉辅助工具所揭示的那样,第三阶段有一个阴影面。水平地拿着这个纸环,它就像是一个围栏一样,你会看到"建立中心"就像把马车围成一个圈,或者搬进一个封闭的社区,或者建起一个秘密花园,在那里,我们只欢迎那些让我们感到自在的人。

在我们用内在真相作为过滤器,把我们认为有挑战性的人或事都排除在外之后,第三阶段的阴影面就出现了。现实生活中这样的例子很常见:按照既定规则把人分为"好人"和"坏人"。当我们按照自己认为的真相来制造这样的分歧时,我们远远没有像所有伟大的精神传统所提倡的那样,敞开心扉地与世界接触。这个时候,第三阶段的纸环也只不过是将第二阶段的墙伪装了一下而已。

这就把我们带入了舞台生活和后台生活关系的最后一个阶段。在这个阶段,纸条道具起到了非常重要的作用。拿起你刚才使用的纸环,把两端稍微分开,把其中一端扭转180°,然后把两端重新连接起来，这样你就做出了一个神奇的莫比乌斯带（见图3-3）。[8]

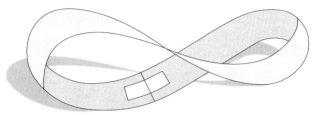

图3-3　莫比乌斯带

用一只手拿着莫比乌斯带，另一只手的一个手指沿着似乎是外面的平面移动，突然间，你会发现自己的手指无缝衔接地来到了似乎是里面的平面。将手指继续沿着似乎是里面的平面移动，突然间，你发现你的手指又无缝衔接地来到了似乎是外面的平面。

我一直在说"似乎"，是因为在莫比乌斯带上没有"里面"和"外面"——这两个面一直在互相转换。莫比乌斯带的机制很神秘，但它传递的信息却很清晰：我们内心的一切不断向外界流动，参与到世界的形成或改变的过程中；外界的一切不断流向我们的内心，参与到我们生命的形成或改变的过程中。莫比乌斯带就像生命本身：最终，这里只有一个现实。

在理解舞台生活和后台生活关系的第四阶段后，我们会看到第二和第三阶段都是幻象，可能在生命的某些时候，它们是必要的幻象，但它们终究只是幻象而已。我们可能欺骗自己，让自己相信我们把真我藏在了一堵墙后面，或是用真我来屏蔽一些与自己相异的东西。但是不管我们知道与否、喜欢与否、接受与否，我们自始至终都生活在莫比乌斯带上，而在莫比乌斯带上，根本没有地方可以躲藏！我们一直在"外面"和"里面"之间进行无缝交换，共同塑造着现实，有可能更好，也有可能更坏。

在一个将内在和外在、私人与公共、个人与职业分开的文化里，这一简单真理的含义遭到了广泛的忽视。例如，我跟大学老师们谈起"不带价值观进行教学"的迷思，提议老师们公开坦率地把自己的价值观融进教学，有些老师相信把自己的价值观带进课堂是"不专业的表现"，跟我辩论起来。

看到了生命在莫比乌斯带上的必然性，我只能这样回答："那你把谁派进教室呢？如果你在教室里，你的价值观也在那里。如果你不相信这点，那说明你没有仔细观察。学生们非常善于'看穿'老师们相信什么。这是学生们的生存之道！"当教授、政治家或家长以为他们可以掩饰自己时，他们其实在欺骗自己，使别人产生不信任感和危险感，导致人们不愿意面对和探索自己的真相。

在舞台生活和后台生活关系的第四阶段，我们明白自己只能做出选择：要么在莫比乌斯带上清醒地行走，对它不断的内外交换保持清醒的觉知，学会用有益于自己和他人生命的方式进行合作；要么在莫比乌斯带上梦游，无意识地用危险的且常常会扼杀关系、希望和成果的方式塑造自己和周围世界的样子。

所有伟大的精神传统都想唤醒我们，让我们意识到我们参与创造了自己生活在其中的现实世界。它们都提出了两个旨在让我们保持清醒的问题：我们的内心向世界传递了什么，它对"外面"有什么影响？世界又向我们传递了什么，它对我们的"里面"有什么影响？我们一直在参与自我和世界的演化，而且我们每时每刻都有能力做出选择：是给予自己和世界以生机，还是把二者都推向死亡。

在第四阶段，我们绕了一圈，又回到了原来开始的地方，因为莫比乌斯带是我们先天整全的成年版本。正像T.S.艾略特在那首著名的诗里说的一样：

> 我们不会停止探索
> 而我们探索的终端
> 将是我们启程的地点
> 我们生平第一次知道的地方[9]

当然，成年人的整全远比孩童期的整全复杂，我们不能把它简化为"拥抱内在的孩子"。身为成年人，我们背负着失败、背叛和忧愁所带来的负担，也面对着自己的天赋、本领和愿景所带来的挑战，而孩子们是没有这些负担和挑战的。我们在莫比乌斯带上行走的时候，必须有意识地承担这些负担和应对挑战。

内在和外在的交换无时无刻不在进行，它塑造着我们自己和这个世界，而我们是有力量对此做出选择的。加深我们在这方面的认知，我们就可以在复杂的成人世界里生存，甚至得到很好的发展。要想做到这一点，我们需要在彼此之间和自己的内心中保留一定的空间，以欢迎智慧的到来，它知道如何灵动而优雅地在莫比乌斯带上走完人生艰难的征途。在下一章里，我们将讨论如何在独处时和如何在社群中为内在真我营造友好的氛围。

A HIDDEN WHOLENESS

| 第4章 |

一起独处
独处的社群

> 我们灾难的根源，在于不容许任何人和东西为他们自己而活，我们渴望把所有的一切，包括朋友，都拉进自己的世界里来，什么事情都要干预一下。
>
> ——罗伯特·勃莱（Robert Bly）[1]

尊重他人的独处

如果想为内在真我营造一个安全的空间，我们必须了解为什么内在真我很少在日常生活中出现。诗人罗伯特·勃莱认为，这是因为我们强大的自我驱使我们把一切"都拉进自己的世界里来"，"不容许任何人和东西为他们自己而活"。

在这股驱动力的背后，是我们对内在导师的不信任，我们不

[一] 罗伯特·勃莱（1926—2021），生于明尼苏达州，毕业于哈佛大学，第二次世界大战时曾在海军服役，长期住在明尼苏达州西部的农村，是美国20世纪六七十年代深度意象诗派的主要推动者和代表性诗人，其主编的诗刊在美国诗歌界有很大的影响。——译者注

信任它的真实存在，也不信任它的力量。我们满心以为人们缺少内在的指引，我们想"帮助"他们，于是觉得自己有义务告诉他们，我们觉得他们需要知道什么，我们觉得他们应该怎样生活。这种自以为是地向别人提供建议，让别人觉得被贬低和不被尊重的做法，在父母和孩子、老师和学生、管理人员和职员之间造成了无数的灾难。

不过下面的故事告诉我们，我们可以采用一个更有创意的方法来相处。在这个故事里，一个陷于冲突的人彻底改变了自己，因为她周围的人选择相信她的内在导师，克服了他们长久以来什么事情都要干预一下的习惯。

这个故事发生在一个我带领的长期信任圈里，成员均为公立学校老师，其中一位名为琳达的老师已经到了无路可走的地步。教了15年书之后，她对自己的上司、同事和学生都非常不满。按她所说，这些人全都执迷不悟，有时候还心怀恶意。她相信，如果自己面对的是真正的人类而不是这些讨厌的外星人，自己肯定会更快乐，也会是一位更好的老师。

信任圈里的人用接纳和尊重的态度来倾听琳达的诉说。他们偶尔会问一个诚实、开放的问题，帮助她更深入地说出和倾听是什么在困扰她。不过他们遵循这种形式的社群的基本规则（本书稍后会探讨这些规则），没有进行任何评价、争辩和建议。

相反，他们给琳达营造了一个空间，这个空间让琳达无法不去倾听自己的心声。这次经历对琳达来说是革命性的，因为琳达对人性报以愤世嫉俗的观点，而她抱怨的那些人又在不断强化她的观点。不是少数几个与她观点一致的人强化了她的观点，而是那些告诉琳达她错了并试图改变她的人,以及那些厌烦她、远离她的人。琳达会跟自己说,没有人理解我,没有人关心我,看,我对人们的看法没错吧。她跟我们大多数人一样,会用别人的拒绝来强化自己对世界的看法。

参加过几次静修会后,琳达说她想离开,这时我从她的话里得知,原来倾听自己对琳达来说是一件多么革命性的事情。她说:"不是我不喜欢这个圈子,而是参加这个圈子让我认识到,我不再适合当老师了。问题不在于我的学生和同事,他们都是品行端正、非常努力的人。问题在于我自己,我对这份工作的热情已经耗尽,再坚持下去不仅伤害我自己,还会伤害其他人。我已经决定在年底辞职,重新找份工作。所以我觉得不应该再在这个圈子里占据一个位置了。"

事实上,琳达在圈子里表现得很勇敢。她看到了自己的阴影,停止把阴影投射到别人身上,而且认真对待自己的现状,向整全迈出了一步。我告诉她,我们欢迎她留下来。

信任圈唯一的议程是帮助人们倾听自己的内在真我的声音、洞察真实的自己。它的目的不是帮助人们重新投入某个角色,或者在这个角色上做得更加出色,虽然这两件事都可能发生,甚至是同时发生,但它的目的不在于此。琳达看到了自己的阴影,觉得自己应该离开教师岗位,这件事的意义并不亚于圈子里其他人重燃对工作的热情。

琳达留了下来,继续受益于这个社群。她彻底从阴影中走了出来,除了痛心自己之前长久地忽略了心灵的呼唤,也初步知道了哪条职业道路更契合自己的天赋。她能做到倾听自己,是因为跟她在一起的人知道如何在不放弃她的情况下让她独处,也就是说,让她跟自己的内在导师独处。

独处和社群

琳达的故事说明,信任圈这种社群的基调与其他社群有所不同。社群是个难以精确定义的词,它有很多层意思,有时候指一群人,他们共同致力于对外界产生某种影响,从改变彼此逐步走向改变世界。

但是信任圈没有这种目的。虽然在这样的圈子里人们的生命会有所改变,而这反过来也会给世界带来少许转变,但是信任圈本身的关注点不是外部世界,而是看不见的内在力量。它唯一的目的是支持圈子里每个人的内在之旅,让每个内在真我感到足够安全,愿意出现并说出生命的真相,帮助每个人倾听自己内在导师的声音。

在信任圈里,我们"在一起独处",在一个"独处的社群"里与彼此同在。这些词看起来相互矛盾,这是因为我们把独处和社群看作非此即彼的二者。理解正确的话,独处和社群是可以同时存在的。真我知道在内心世界里我们是谁,在广阔的外部世界里我们属于谁,所以要理解真我,我们既需要独处带来的内在亲密感,也需要社群带来的差异性。[2]

当我们把独处和社群分割成非此即彼的选择,并表现得好像我们只能与其中一个安然相处时,我们就把自己置于一个心灵的危险境地。迪特里希·朋霍费尔(Dietrich Bonhoeffer)在其经典著作《团契生活》(*Life Together*)中曾警告过我们这种危险："凡不能独处的，就要小心社群生活；凡不能在社群中生活的，就要小心独处。"³

朋霍费尔的警告建立在两个简单的真理之上：我们可以从内心学到很多东西，但很容易迷失在内在生活的迷宫中；我们可以从他人那里学到很多东西，但很容易在人群的混乱中迷失方向。所以我们同时需要这两种模式，这样我们在一种模式中学到的东西可以制衡在另一种模式中学到的东西。二者就像呼气和吸气，共同成就了我们的整全。

但独处和社群究竟如何结合却是一件比呼吸更棘手的事情。我们说自己在独处，但经常带着其他人一起：想想我们的"独处"有多少次被内心的对话打断吧，我们经常在不知不觉中与一个不在场的人展开了内心的对话！我们说自己在社群中，却经常迷失了真我，想想我们被卷入团体动力的时候，是多么容易忘记自己是谁吧。

如果我们想把独处和社群视为真正的悖论，那我们需要加深对这两个极端的理解。独处不一定意味着离群索居，而是意味着永远不要脱离自己的自我。关于独处，重要的不是我们身边没有其他人，而是不管身边有没有其他人，我们都全然地与自己在一起。社群不一定意味着与其他人共同生活，而是意味着保持我们彼此相连的意识。关于社群，重要的不是我们身边有其他人，而是不管身边有没有其他人，我们都对关系持完全开放的态度。

对独处和社群有了这样的理解之后，也就能明白创建信任圈是什么意思了——创建一个可以一起独处的社群，在我们之间营造一个对内在真我友好的空间。

如果你认为在我们之间营造一个空间的想法听起来很奇怪，那不妨想想其实我们一直都在这么做。只要人们聚在一起，不管人多还是人少，我们都会营造不同的空间来配合不同的目的：

- 我们知道如何营造空间让**理智**作为主导，分析现实、解析逻辑、论证情况，这样的空间可以在大学等地中找到。
- 我们知道如何营造空间让**情感**发挥作用，回应伤害、表达愤怒和喜悦，这样的空间可以在心理治疗小组中找到。
- 我们知道如何营造空间来激发**意志**，为了共同的目标一起努力，这样的空间可以在任务小组和委员会中找到。
- 我们当然知道如何营造空间让**自我**出场，美化它的形象，保护它的地盘，捍卫它的权利，而这个空间与我们如影随形！
- 但我们对营造空间来邀请**内在真我**展现自己知之甚少。除了自然界，这样的空间很难找到。对于维护自然界中的内在真我空间，我们似乎也不太重视。

我不是说理智、情感、意志、自我与内在的工作无关，但仅凭这些心理机能无法把我们带到内在真我想让我们到达的地方。不过它们都是人类的重要组成部分，在内在真我的指引下，它们可以变成内在之旅的重要盟友。

当灵魂通过理智说话时，我们学会了"用发自内心"的方式去思考。[4] 当内在真我通过情感说话时，我们的情感更有可能滋养到关系。当内在真我通过意志说话时，我们就可以用自己的意志力为共同的利益服务。当内在真我通过自我说话时，我们就会获得一种自我意识，这种意识给了我们在权力面前说真话的勇气。与内在真我的距离缩短以后，人类的每一种心理机能都可以帮助我们穿越莫比乌斯带上复杂的地形，走好自己的人生之路。

害羞的内在真我

意在欢迎内在真我和支持内在之旅的空间少之又少，但塑造此类空间的原则和做法却早已有之，而且也已历经检验。

修道院里有一些这样的原则和做法，因为修道院可以说是"独处的社群"的原型。20世纪中叶的超个人心理学运动重新推出了一些这样的原则和做法。世界上大多数宗教和哲学体系在精神修炼的过程中，也有这样的原则和做法。

关于在信任圈里做什么，修炼可能是最合适的词，因为从历史上看，这个词指的是在社群中提升自己的内在真我。但是，鉴于修炼有时候的意思与本书所描述的完全相反，我有必要简短地说两句。在那种与本书意思相反的过程中，所谓权威机构向那些残缺的内在真我施加压力，使其符合某些要求。这种做法背后的观念是，人生来有罪，内在真我残缺不全，只有权威机构对我们加以修正，我们才能摆脱无望的境地。

但是信任圈的原则彻底颠覆了这一切，修炼来自这样的信念：我们生来就拥有完美无缺的内在真我。随着我们年岁渐长，我们开始受到内外力量的侵蚀，内心发生变化，不再像内在真我那样完美无缺。但是内在真我永远完美不变，永远不会停止对我们的呼唤，呼唤我们回归到与生俱来的整全状态。

在信任圈里，侵蚀的力量自始至终受到遏制，因此内在真我会出现并说出自己的真相。在这里，我们不必遵从一些外部的模板。相反，我们可以根据内在真我的想法来安排自己的生活。在信任圈里，我们可以像植物一样生长，潜藏在内在真我种子里的力量迸发出来，在高质量人际关系的肥沃土壤里，向着自己的内在之光生长。在这个过程中，我们相信内在真我比任何外部权威都知道该如何生长。

在什么样的空间里，我们最有可能听到内在真我讲述真相并跟随它的指引呢？是在那些其遵循的原则和做法尊重内在真我的本性和需要的空间里。那么内在真我的本性是什么，内在真我又有哪些需要呢？有一个比喻，也只有这个比喻，既能反映内在真我的本质，又能尊重内在真我的奥秘，那就是内在真我像一只野生动物。

内在真我像野生动物一样坚强、坚韧、足智多谋、精明、自立，知道如何在严酷的地方生存。抑郁症的反复发作让我知道了内在真我具有这些品质。在发作期间致命的黑暗里，我一贯依靠的心理机能完全崩溃了。我的理智毫无用处，我的情感已经死亡，我的意志一蹶不振，我的自我被击得粉碎。但时不时地，在我内心的旷野深处，我能感觉到某个东西的存在，即使我萌生出死亡的念头，它也知道如何坚持活下去。那个东西就是我坚强且坚韧的内在真我。

内在真我很坚强，但也很害羞。就像野生动物一样，它栖身于茂密的灌木丛中护佑自己的安全,有人在旁边时更是如此。我们都知道,如果想见到野生动物,最忌讳的事情是冲进树林,大声喊它出来。如果我们悄无声息地走进树林,耐心地坐在树下,与大地共同呼吸,让自己融入周围的环境,我们寻觅的野生动物也许就会出现,或许只是眼角余光中的一闪,但这幅景象足够我们永远铭记在心里,因为看到它本身就是我们的目的。

不幸的是,在我们的文化中,社群往往是一群一起冲进树林把野生动物吓跑的人。我们在各个空间里教学、主张、辩论、声称、宣布、告诫、建议,我们的言行方式往往让一切本真和野性的东西都躲藏得无影无踪。在这些情形中,理智、情感、意志和自我可能会现身,但内在真我不会,因为我们吓跑了所有与内在真我相关的东西,比如相互尊重的关系、善意和希望。

信任圈由一群知道如何一起安静地坐在"树林里",等候害羞的内在真我出现的人组成。在这种社群中,耐心包容而不是随意干涉,惺惺相惜而不是相互对抗。人们对社群没有寄以满怀的期望和需求,而是坚信内在导师的力量,坚信每个人都有向内在导师学习的能力。诗人鲁米抓住了这种相处方式的本质:"一群可爱、安静的人围坐成一圈,变成了我手指上的指环。"[5]

经历过拥有此类品质的大规模社群的人很少,但我们可能有过具备这种品质的一对一关系。想想那些小规模信任圈里的动态原理,我们就会对稍大规模的独处的社群有个大体的概念,并且提醒自己,在俩人之间营造一个对内在真我友好的空间可以支持双方的内在之旅。

例如,想想谁曾在你通向真我的道路上帮助过你成长。我这么想的时候，第一个浮现在我脑海中的人是我的父亲。他是一个成功的商人，工作非常努力，但从不强迫我去追求他替我设计的人生目标，而是给我足够的空间，让我成长为自己。我在标准化智力测试中的成绩一直很好，但在整个高中期间，虽然我努力了，但是成绩平平。现在回想起来，我惊奇地发现，父亲从来没有要求我"发挥出自己的潜力"。他相信，如果我有做学问的天赋，自然会在适当的时候表现出来。父亲是对的，我上大学后开始在学术方面崭露头角。

帮助我们成长为真我的人会给予我们无条件的爱，他们不认为我们有很多缺陷，也不强迫我们改变，而是接受我们本来的样子。这种无条件的爱不会让我们满足于已有的成就止步不前，而是在我们周围形成一个充满能量的力场，让我们想从内到外成长。这个力场非常安全，足以承受成长所带来的风险和失败。

不单我父亲为我这样做，在我听到的所有此类故事中，每一个都有这种无条件的爱。在有着无条件的爱的空间里，我们的成长不是由外部要求驱动的，而是由爱推动的，推动我们成为最好的自己，在通往真我的道路上不断成长。

我们可以这样来理解信任圈里的关系：把无条件的爱或尊重与充满希望的期待结合起来，营造了一个既能保护又能激励内在之旅的空间。在这样的空间里，我们自由地聆听自己的真相，自由地接触带给我们快乐的东西，愿意对自己的错误进行自我批评，敢于冒险做出改变，因为我们知道无论结果如何，我们都会被接纳。

还有一种一对一的关系，可以从细微之处反映出我们在信任圈里如何相处。说到这里,我想到的是我们中的一些人曾坐在临终之人身边,"陪伴"他走完那段最孤独的旅程。

陪伴临终之人,会让我们对"一起独处"的含义有两个重要的领悟。首先,我们必须舍弃我们的自大之心,我们自大地相信自己有办法解决对方的问题,而这常常会扭曲我们与他人的关系。陪伴临终之人,我们会明白自己面对的不是一个"有待解决的问题",而是一个值得尊敬的奥秘。当我们满怀敬意地站在那个奥秘的边缘时,我们开始明白,如果自己少扮演一些问题解决者的角色,我们所有的关系都会更加深入。

其次,陪伴临终之人时,我们必须克服恐惧。当我们难以忍受对方展露出的痛苦、可怕或令人烦恼的东西时,我们会恐惧地转身离去,这往往会扭曲我们与他人的关系。死亡是所有这些东西加起来,甚至超过了这些东西的总和。然而,当我们凝视着临终之人,专心为他祈祷时,我们便知道转移视线是不尊重对方的表现,我们知道在这一刻,能够给予的唯一礼物就是全心全意的关注。

陪伴临终之人时,人们知道他们不仅仅是待在屋子里。不过如果你问他们"不仅仅"是什么意思,他们可能很难用语言说清楚。等他们找到合适的表达,他们说的基本上都是"我只是与他同在"。

陪伴临终之人时,我们学会了"同在"——把临终之人与我们之间的空间视为不可冒犯的空间,尊重临终之人和他的一生。我们的尊重可能是默默无言,也可能我们说的话临终之人已经无法听到,但不管怎样,在我们目送他走向终极的孤独时,这份尊敬用某种方式把我们联系在一起。

我不知道彼岸的情况，所以不清楚对一个临终之人来说，有人与他们同在意味着什么。但是从我自己的经历中，我有一点类似的感受。当我孤身走在那片死寂的黑暗中，也就是我身患抑郁症时，我从少数几个既不躲避我，也不试图拯救我，而只是默默与我同在的人身上得到了安慰和力量。他们愿意与我同在说明了他们相信我内心有力量来完成这趟危险的旅程，这在无形中让当时犹疑不定的我增强了战胜抑郁症的信心，后来我确实也做到了。

我现在尚不知道临终之人会经历什么，但我知道，我宁愿临终之时有个知道如何与人同在的人陪伴我，也不愿意独自死去。我也知道，我们每时每刻都在迈向死亡。那为什么要等到生命的最后几个小时才与他人同在？在信任圈里，这是一份我们现在就可以给予和接受的礼物。

两个独处的人

没有人比诗人里尔克更完美、更准确地描述了信任圈里特有的关系，他写道："两个独处的人互相保护，互相靠近，互相致敬，这里面包含着爱。"[6]

这样的爱让内在真我觉得安全，原因有二。第一个原因，它排除了我们有时候以爱的名义对彼此施加的暴力。这里的暴力不是指虐待关系中明显的身体暴力，而是指我们出于帮助他人的目的而影响别人的独处时所造成的微妙的暴力。

作家尼科斯·卡赞扎基㊀（Nikos Kazantzakis）在《希腊奇人佐尔巴》（*Zorba the Greek*）中讲述了一个故事，谈到了好心帮助有时候反而会造成严重的伤害。

> 有一天早晨，我在一棵树的树皮上看见了一个茧，里面有只蝴蝶在打洞，准备钻出来。我等了一会儿，感觉等了好久，于是不耐烦起来，我俯下身，向里面吹气，想让它暖和起来。
>
> 我尽可能用最快的速度让它变暖，奇迹突然在我眼前出现：茧裂开了，蝴蝶慢慢爬了出来。我永远忘不了自己当时的惊恐，因为我看见它的翅膀向后合拢、皱成一团，可怜的蝴蝶全身挣扎着想打开翅膀，我想帮它，俯下身吹气，但丝毫没用。
>
> 它需要耐心地孵化出来，在阳光下慢慢地打开翅膀，但现在已经太迟了。时候还没到，我吹的热气让蝴蝶过早地钻出茧，皱成了一团。它绝望地挣扎着，几秒后，它死在了我的掌心。
>
> 我相信，那小小的身躯是压在我良心上最沉重的重量，因为我现在明白，违背大自然的伟大法则是不可饶恕的罪过。我们不应该匆忙，不应该没有耐性，而是应该满怀信心地遵从那永恒的节奏。[7]

对于因失去正常生活能力而身心健康受到威胁的人，我们可能需要帮助他们恢复活力，但这种情况极少。大多数人能够而且必须以自己的方式，按照自己的节奏恢复生气。如果我们好心帮

㊀ 尼科斯·卡赞扎基（1883—1957），是20世纪希腊最重要和最富争议的作家，其最为世人熟知的作品有《希腊奇人佐尔巴》《基督的最后诱惑》《自由或死亡》。

忙加快这个过程，最终只会带来伤害。在信任圈里，两个及以上独处的人互相保护，互相靠近，互相致敬，在这样的氛围里，我们可以自由地按照"大自然的伟大法则"来生活，并且学习如何深入到这种生活中。

我们可以用一种更尖锐的方式来表达这一点：这种尊重他人独处权利的爱为我们免受业余心理治疗的伤害提供了一道屏障，业余心理治疗可以说是一件令人憎恶的事情，它已经带来了很多"不信任圈"。信任圈不是一个心理治疗小组，它没有专业治疗师做指导，成员之间也没有互相签署治疗协议。在这个没有资质、能力或邀请就能进行心理治疗的年代，两个独处的人互相保护、互相靠近、互相致敬的方式可以让我们避免陷入这种常见的人际暴力中。

这种爱让内在真我觉得安全的第二个原因是它能避免善意的忽视。当我们知道我们帮助他人可能徒劳无益，或者好心办坏事时，我们可能就会忽视他人的痛苦和挣扎，因为我们不知道该做什么，而且为自己的无能为力感到尴尬。如果我们帮助他人"解决问题"但是又帮不到他们，甚至可能伤害他们，除了走开，我们还能做什么呢？

里尔克对爱的理解给我们提供了第三种可能。除了改变有问题的人，或者让他们失望，我们可以站在他们独处的边缘，只是关注他们，相信他们拥有走出困境所需要的一切力量，并且相信我们的关注可以让他们的力量发挥作用。

信任圈里的关系既不是侵入性的，也不是回避性的。在这个空间里，我们既不侵入他人的真我，也不回避他人的挣扎。我们坚定地彼此同在，同时抑制住想改变他人的冲动。我们互相支持，让每个人能够按照自己的节奏和深度，去需要去的地方，学需要学的东西。

还有一种描述能够营造信任圈的爱的方式：这种爱要求我们不带任何其他目的来对待内在真我，内在真我本身即目的。我们经常把交往当作实现自己目的的手段，彼此"尊敬"，希望可以从交往中获益。在这种情况下，一些心理机能，比如自我，便会蠢蠢欲动，看看能否得到什么好处。

只有我们接近彼此的唯一动机是欢迎内在真我，内在真我才会出现。当我们"保护、靠近、致敬"各自的独处时，我们便摒弃了自己控制别人的习惯，让内在真我得以安全地出现。

我又想到了那位农业部官员。如果静修会的人试图利用他来影响公共政策，我想他不会听到自己的内在真我说："我是对土地负责的。"如果别人利用他来实现自己的政治目的，他会以理智、情感、意志或自我来回应，但他的内在真我会全面撤退。他能够听到内在真我说话，而这又造成了一定的政治影响，恰恰是因为没有人利用他的内在真我去达到那个目的。

这里有一个挑战性的悖论，也是信任圈的关键所在。尊重内在真我会影响我们所做的工作，带来一定的结果。但是，如果你想出现这样的结果，就不能抱着这样的目的去接近内在真我，去引导或要求某些结果，接近内在真我的唯一目的只能是尊重内在真我。

这个悖论最好用故事来诠释。有一次，某社区的几位领导人来找我，说他们社区的学校深受种族和少数族裔关系紧张的困扰，希望我能帮助他们建立信任圈来缓和危机。虽然我非常关心他们的困境，但是我告诉他们我爱莫能助，至少在那种情况下不能提供帮助，因为从他们的要求中我可以看出，他们对内在真我为什么在信任圈里觉得安全有所误解。

我们不能把人们召集起来说："在这个圈子里，我们邀请你们的灵魂来说话，这样我们就可以解决种族关系紧张的问题。"一旦我们这么做，情况便会变得极其糟糕：我在这个圈子里是因为我有"白人的灵魂"，他在这个圈子里是因为他有"非裔美国人的灵魂"，她在这个圈子里是因为她有"西班牙裔的灵魂"。但是灵魂是没有种族或族裔之分的：它是我们共有的人性，也是我们个体的独特性。一旦我们把它归入社会学的范畴，希望用它来影响某个问题，我们就扭曲了它的本性，导致它以最快的速度逃离。

在我们功利主义的社会里，人们很难坚持一种观念，即信任圈不是为了解决一个看得见的问题，而是为了尊重一种无形的东西——内在真我。但是在我们学会信任内心无形的力量之后，我们就会看到自己、他人、我们的机构和社会在通往整全的道路上不断成长。

我们信任什么

在信任圈中，我们究竟信任什么？我们至少信任四件事情：

- 我们信任内在真我，信任它的真实性和力量，信任它的自给自足，信任它说真话的能力，信任它帮助我们倾听和回应我们听到的事物的能力。
- 我们信任彼此有意愿、足够自律和出于善意去营造和经营一个足够安全的空间来迎接内在真我。
- 我们信任营造这样一个空间和呵护信任圈关系所依据的原则和实践做法，也明白传统文化的影响力一直很强，很容易把我们引向一些会把害羞的内在真我吓跑的行为。
- 我们信任不带"变化议程"来欢迎内在真我可以让个人和机构得以转变。

在接下来的章节中，我会详细介绍营造信任圈的一些做法。在结束这一章之前，我想讲述一件真实的事情，告诉大家在实践中，信任内在真我、彼此信任、信任那些原则和做法，以及信任"正因为我们不要求转变，转变才可能发生"这个说法会是什么样。[8]

在我为公立学校教育工作者组织的一个长期小组里，有位资深的高中手工老师蒂姆，他承认自己"搞不懂信任圈"。在前六次静修会上，他坐在那里一句话也不说，显得很不自在，心不在焉，有时候还流露出鄙夷的神情。在每次的静修会上，他都把我拉到一边问："这到底是在干什么呀？"每次我都告诉他，虽然他的问题是发自内心的疑问，但是这个问题不是我能替他回答的。

第七次静修会开始的时候，蒂姆显然遇到了什么事情，很想向我们诉说。他说过去两年来，他与校长陷入了一场权力斗争。校长坚持让他参加暑期学院的课程，去学习如何用新的高科技方法来教手工课，两年来，他都坚持说"不！"，而且语气越来越愤怒。

他跟校长说："这种高科技的东西就是一时流行，跟所有流行的东西一样，很快就会过时。即使不过时，学生们现在也不需要，他们需要的是实践经验！这个我是知道的，我教手工都教了20年了。那个暑期学院是个骗人的地方，我才不会把自己的时间和你的钱浪费在那个地方。"

两年来，蒂姆和校长一直在这个擂台上较量，几周前，第三轮比赛的铃声响了。校长又一次把蒂姆叫来，提出同样的要求，蒂姆再次拒绝。

但是这次蒂姆说的话和以前不一样。他对校长说："过去一年半里，我参加了一个小组，小组里的教师们一直在探索自己的内在生命，我现在发觉，我也有一个内在生命！我现在明白了，在为什么不去上课这件事情上，我一直在对自己撒谎，也在对你撒谎。"

"我其实是害怕。我怕我听不懂他们在讲什么。我怕暑期学院讲的东西会让我觉得之前20年里我的教学方法都是错误的。我怕我从暑期学院回来以后，会觉得对教学力不从心。我现在还是不想去，但至少可以诚实地告诉你原因是什么。"

蒂姆停了一下，接着说："校长和我坐在那里，眼睛盯着地板没说话。过了一会儿，他抬起头来，看着我说，'你知道吗？我也害怕，所以我们一起去吧'。"

这个故事充分体现了我想说的信任圈的力量。它告诉我们，一个人在安全的空间里倾听自己的内在真我的声音，并且鼓足勇气按照内在真我的话去行动，会发生什么。它告诉了我们讲真话的力量，它能改变我们，改变我们的人际关系，改变我们的工作。正如蒂姆后来说的，他跟校长从暑期学院回来以后，"再也不觉得绝望了，自己的教学事业迎来了第二春"。

在这个故事里，值得关注的不仅仅是蒂姆这位老师的转变，还有圈子里其他人所做的事情。他们允许蒂姆以自己的节奏和方法来探寻自己的内在之旅，相信他可以从内心中找到所需的真相，并且在准备好之后与真相相遇。他们没有强迫蝴蝶提早破茧，也没有对蝴蝶的生死不管不顾、一走了之。在这个信任圈里，蒂姆的真我既没有被侵入，也没有被回避，这让蒂姆获得了一个足以改变人生的认知，而这个认知是他不可能以其他方式获得的。

在前六次静修会中，面对蒂姆如此明显的状况，任何一个上过心理学入门课程的人都可以毫不费力地指出他的问题："你知道吗？你的问题是你在害怕。"但是，如果人们这样对待蒂姆，他会像我们的真我被侵入时一样，全力抗拒我们的诊断，同时内在真我更深地退缩到树林深处。

在前六次静修会中，成员们本可以轻易地指责蒂姆，就像某人的行为威胁到了他们，他们经常回避或评判那个人一样："少来了！快加入大家！别再装模作样，显得我们是傻瓜。快参与进来，要不就把你的位子让给愿意参与的人！"

但是没有发生这种事情。在信任圈的原则和实践做法的指引下，没有人去分析或者纠正蒂姆，也没有人认为蒂姆的行为是对自己或小组的评判，更没有人为了安抚自己的情绪而去指责他。

相反，大家为蒂姆营造了一个开放、信任他和值得他信任的空间，没有人觉得被冒犯，也没有人冒犯他，直到他从自己的内在导师那里学到了该学的东西，是这个知道如何"保护、靠近、致敬"蒂姆独处的社群让这一切成为可能。

营造和维护这样一个空间需要什么？这个问题是下面 5 章所讨论的重点。

A HIDDEN WHOLENESS

| 第5章 |

为内在之旅做准备
创建信任圈

> 我把希望寄托在平静的过程里，寄托在小圈子里，至关重要和具有转折性的事件都发生在这些平静的过程和小圈子里。
>
> ——鲁弗斯·琼斯

第二十二条军规

《第二十二条军规》是美国著名作家约瑟夫·海勒的代表作，它抨击了战争的荒谬和疯狂，解析了轰炸机飞行员无法逾越的一条"逻辑"：如果意识到飞行有危险而提出免飞申请，是不会被批准的。为什么？因为你能意识到飞行是危险的，说明你是正常人，而只有患有精神病的飞行员才能获准免飞。所以你必须继续执行飞行任务，而你只有疯了才会这么做！第二十二条军规很能代表我们这个时代的形象，这个时代似乎到处都是"问题重重的局面，而这些问题的唯一解决办法都被问题本身的情况所否定"。

跟别人谈起加入信任圈或创建信任圈的话题时，我经常会想起第二十二条军规。那些感觉自己快要与内在真我失联的人说他们需要这样一个圈子，但他们往往又声称，他们那支离破碎和疯狂的生活让他们无法加入圈子，而正是这样的生活让他们处于与内在真我失联的危险中！促使我们需要安全空间的情境似乎在妨碍我们得到真正需要的东西。

但是"似乎"这个词里面隐藏着摆脱第二十二条军规的方法。那种认为我们无法得到我们真正需要的东西的观念其实是一种文化幻觉，让我们陷入日复一日的蝇营狗苟中不能自拔。不过幻觉是用来被打破的。我忙吗？我当然忙。我是不是忙得没时间好好生活？只有太不珍惜自己的生活，我才会放弃好好生活。

除非我们自己同意，否则我们不会被第二十二条军规束缚。所以摆脱困境的方法很明确：我们必须自觉拒绝那些攻击我们的自我和整全、侵犯我们的内在真我、让我们与自己处于交战状态的力量。

我明白这样做很困难，但参加信任圈帮助我找到了这样做的勇气。在这个过程中，我知道了参加这样的圈子不仅适合我们忙碌的生活，还可以帮助我们摆脱忙碌生活的束缚。因此，我在向所有拒绝第二十二条军规的人致敬的同时，也想为所有有意这样做的人服务，介绍一下这种社群的五个特点：清晰的界限、有经验的带领、开放的邀请、共同的基础和优雅的氛围。正是这五个特点，让这种社群哪怕在一片喧嚣中，也能易于接近、具有吸引力和富有成效。

清晰的界限

无论我们多么需要信任圈，很少有人能想象在"这么多事情之外"还拿出时间来参加社群。即使我们可以做到，我们也很难想象其他人能做到，或者愿意跟我们一起参加社群。

但是，一天只有二十四个小时只是造成这个困境的一部分原因，还有一个原因是人们对社群的理解。社群这个词像万花筒一样，每转动一下，就出来一个新的意思，在这里，它能唤起人们对从前那个年代乌托邦式的想象，那个时候，人们在村子里或小镇上毗邻而居，生活比现在慢得多，也简单得多。如果社群要从少数幸运者走向更多的人，我们必须摆脱上面这些浪漫的幻想，创造出尊重和适合当代社会现实的社群形式。

信任圈恰好做到了这一点，因为它具有传统社群所缺乏的界限。例如，这样的圈子不像传统社群一样必须有很多人，两个知道怎样对各自的独处给予"保护、靠近、致敬"的人，就可以形成一个信任圈。当然，随着信任圈规模的增大（上限大约是25人），我们彼此照亮的机会也会增多。但两个人或小规模的圈子，只要为内在真我营造了安全的空间，成员们就可以在内在之旅中彼此给予支持。

与身处传统社群不同的是，我们不需要一直生活在信任圈里。我们可以与信任圈的人每周会面一次，每次一到两个小时；或者每月会面一次，每次多半天时间；也可以每年会面三次，每次一个周末。我们也应该事先约定一个信任圈的结束时间，比如说从第一次会面算起，12个月以后结束。有了这个限制条件，如果一个信任圈不能支持到彼此，到期以后大家可以体面地离开；如果效果很好，可以继续约定期限。

与传统社群不同的是，信任圈不局限于居住在附近的人。我一生中最重要的圈子之一由来自全国各地的人组成，大家每年只会面两三次。但是圈子里有一种很强的文化，在彼此之间的关系里都对内在真我非常尊重，所以我们每次见面都像老朋友一样，仿佛我们从没分开过。

与传统社群不同的是，信任圈不需要是我们唯一的生活圈子，我们都有其他类型的圈子。还有一点与传统社群不同的是，信任圈不需要独立存在，而是可以存在于工作场所等有常规制度生活的环境中。

与传统社群相比，信任圈可能在规模、范围和连续性上有所欠缺。不过，因为信任圈的存在有明确的目的，所以弥补了这方面的不足。这些目的包括：我们为什么在一起；我们的目的地是哪里；如果我们想到达目的地，我们必须建立什么样的关系。

其他形式的社群往往缺乏这种目的，因此降低了它们对人们生活的影响。但是在信任圈里，我经常听到成员说："我在这里看到的，正是我希望社群该有的样子。"比起由传统文化规范塑造的大型社群，这种有时长限制、对过程有明确目的的小圈子能对生命产生更深刻的影响。

信任圈的目的性甚至可以改变我们时间不够用的感觉，正是这种感觉让我们对社群持敷衍的态度。参加这样一个圈子是需要时间的，但是，我们一起度过的时间对我们的生活产生了有意义的影响，我们便不再有时间太少的感觉。我们学会对内在真我的智慧做出更积极的回应，时间和生命本身会变得更加丰足。

有经验的带领

信任圈的第二个特点是它由有经验的领导者或带领者提供支持，他们熟悉为内在真我营造安全空间所必需的原则和实践做法。

当然，懂得对彼此的独处给予"保护、靠近、致敬"的两个人不需要第三个人来带领。经过深思熟虑的准备，他们可以自己呵护好这个空间。其实，不管信任圈是大还是小，每个圈子都需要大家来共同呵护一个安全的空间：从那位手工老师的故事可以看出，他之所以能够直面自己的害怕，是因为圈子里的其他人没有侵入他的空间，也没有对他弃之不理。

但是圈子越大，就越需要指定一位领导者。信任圈的准则和主流文化完全不同："你们连**试图**拯救对方的想法都不要有！"但传统文化的引力场不断地把我们拉向侵入式交往方式："我们生来就是为了互相拯救！"圈子越大，就越有可能有人屈服于引力，所以我们需要一个领导者来阻止这种引力造成的自由落体，让空间重新变得安全。

可惜的是，把领导和等级制度联系在一起的迷思已经扭曲了我们对领导的看法，好像只有在自上而下运作的体系里才需要领导者。这个迷思认为，在"社群"里——这个万花筒一般的词特别容易让人们生出桃花源式生活的浪漫幻想——人们不需要指定的领导者，而是让领导者的角色自然地从一个人传递给下一个人。

但根据我的经验，社群比实行等级制度的机构更需要领导。后者有明确的目标、完善的劳动分工和一套具体运行政策。如果整个机构设计合理、运行顺畅，它几乎可以自动运转，而社群则是一个混乱、新兴、富有创意的力场，需要不断呵护。当社群的目标与主流文化背道而驰时，就像信任圈那样，则更加需要呵护。信任圈要求的交往文化比较罕见，也十分脆弱，如果缺乏一个有原则、有实践经验、有权威的领导者，信任圈将会失败。

这样的领导者需要的权威和权力不同。任何人只要控制着强制工具，不管是评分还是枪支，就拥有权力，而权威只能由他人赋予。是什么让我们赋予别人权威？权威（authority）这个词本身包含着提示：我们把权威赋予那些在我们眼中"创造"（authoring）自己言行的人，也就是那些不按照剧本说话也不按照预先编排的方式做事的人。

换句话说，我们把权威赋予那些在我们眼中过着整全生活的人。既然信任圈的目的是帮助我们过上这样的生活，那么领导者或带领者也必须参与到圈子中来。领导者有时候会与大家的活动保持一定距离，如果信任圈的领导者也这么做，便会成为割裂的标志，破坏其在小组中的权威。

带领者－参与者的角色要求很高，但也非常有意义。我参与到活动中来，对我的内在之旅有促进作用，同时我的带领者角色也能得到大家的认可。但我不能太关注自己的需求，以至于忽略了作为带领者的职责，更不能让其他人觉得我太过脆弱，无力领导大家。作为带领者－参与者，我必须保持一种平衡：让其他人愿意"赋予我带领其他人的权威"，同时不做削弱自己权威的事情。

在信任圈里，带领者的角色很容易界定：与大家携手，共同营造和维护让每个人的内在真我都感到安全的空间。但是这个角色并不好扮演。它需要基础、培训、督导和经验。更重要的是，带领者必须明白这份工作伴随着非常重大的责任,因为信任圈是一个邀请人们打开心扉,并承诺他们在这里绝对不会受到伤害的地方。

在本书中,我尽最大努力来解释带领好信任圈的原则和实践做法。但这项工作需要一些书本提供不了的经验。有的人因为有天赋和经验,可能未经相关培训就已经能够胜任带领信任圈的工作。但大多数做这项工作的人都会对我说的话深以为然:为内在真我维护空间比我做过的其他领导工作都更具挑战性,我需要有人指导才能带领好信任圈,才能智慧地处理其中的问题。

开放的邀请

信任圈的第三个特点是邀请是开放的,每个人的参与也都是自愿的,没有任何操纵或强迫的暗示,因为操纵和强迫的暗示会吓跑害羞的内在真我。

例如,雇主不能要求员工加入信任圈——这本来是个显而易见、无须提及的道理,要不是我在工作场所观察到有打着"团队建设"或"打造团队精神"的幌子要求员工参加信任圈的趋势,我是不会在这里提及的。为了个人和公司的健康着想,雇主可以而且应该营造一个没有约束的空间,让员工可以讲讲真话。然而,正如那个有"金字塔等级的圆圈"的大公司的故事所说,没有什么比听到要为五斗米折腰让内在真我跑得更快的了!

但是,破坏信任圈的强迫行为远远不止雇主要求员工"袒露内在真我"这样的事情。人们经常先是自愿地加入一个群体,之后才感受到需要顺从群体规矩的压力。这些压力可能非常微妙，以至于我们的自我几乎察觉不到压力，但被称为内在真我的地震仪却能迅速感受到这些冲击。如果我们想要迎接内在真我，就必须避免任何形式的压力。

我描述一下新圈子里的开始环节来说明我的意思，同时也大致说一点带领信任圈的艺术。为了在新圈子里树立与主流文化相反的规范，一开始我会先说一些话让大家放心："在这里我们不用'必须分享'！随着活动的进行，我会发出邀请而不是命令。如果你不想接受我的邀请，你想做什么都行，大家会全力支持你，没有人会质疑。比如说，我邀请大家分组活动，但你需要时间独处，那你就可以一个人待着。如果你想参加分组活动，但不想回答我提出的问题，你可以自己想一个问题并回答。你的内在真我比我更清楚你需要做什么。"

给了大家选择的自由后，在接下来的每一步中我都必须做到"言行一致"，否则空间会变得不安全，我也会失去带领圈子的权威。事实证明，这比看起来要难。例如，就拿开场时邀请大家做自我介绍这个简单的事情来说："我邀请大家说一下自己的名字，如果愿意的话，再简单说两句什么事情能让你充满活力。"

大多数人会想说一点关于自己的事情，部分是因为我提的问题和组织语言的方式让大家可以自由地选择能接受的开放程度来进行回应。但可能会有一两个人想保持沉默，如果我做一丁点儿让他们觉得我在强迫他们发言的事情，我在他们眼里，可能还有在其他人眼里，就会变得不值得信任。

所以邀请他们做自我介绍的时候，我不会这样说："我先介绍一下自己,然后从我右边这位开始,大家轮流做自我介绍。"这样会产生一种强迫感,让大家失去自由。相反,我会说:"我们先静默一会儿。如果有人准备好介绍自己了,请发言,后面想介绍自己的人接着发言,直到所有想介绍自己的人都说完为止。"

偶尔在自我介绍接近尾声的时候,我会留意到有人还没开口。我不知道这个人是不是想介绍自己,但是,如果我直截了当地问,或者朝着他的方向投去疑问的目光,我就违背了不强制的原则。我把目光投向一个可能决定不说话的人身上,并暗示我希望他能做出不一样的决定!这样我就至少失去了一个人的信任,因为这个人看到,我的议程开始之时,就是他的自由结束之日。

在这种时刻,我作为带领者的任务是让空间暂时维持原样,闭上眼睛,或者把目光投向圆圈的中心。然后,在不看向任何人的情况下,我可以说:"让我们再静默一两分钟,让所有想介绍自己的人都有机会开口。之后我们将进行下一步骤。"

这样我便信守了承诺,给了每个人自由选择的机会,但又确保没有人被遗漏。好几次,都有人事后来告诉我:"开始环节的时候我没准备好发言。谢谢你没勉强我发言,你这样做让我信任这个圈子。不过等大家回来的时候,我想介绍一下我自己。"

当带领者这样维护空间时,就是在向所有在场的人传达一个让他们放心的信息:"之前我说在这里不用'必须分享'时,我是认真的。我在这里不仅提出圈子的准则,还为遵守准则起到示范作用。我会尽我所能,为你们的内在真我呵护好这个安全的空间。"清晰地、持续地传达这一信息是维护信任圈的关键。

共同的基础

信任圈的第四个特点是创造共同的基础，让信仰不同的人可以在共同的基础上探讨内在生命的问题。在平常的环境中，比如在多元化必须得到尊重的公立学校，有共同的基础是尤其重要的事情。甚至在教堂这种我们认为大家有共同信仰的地方，有共同的基础也是很重要的事情。在信任圈里，大家可以畅所欲言，谈论自己真正相信的东西，从大家的谈论中我们发现，有时候他们之间的共同点比我们认为的或者比他们自己认为的要少。

但是，在营造开放的空间来欢迎多样化的同时，我们也不能让大家漫无目的地游走。内在真我需要友好，但也需要诚实，它希望处理那些我们平时回避的具有挑战性的问题。我们怎么样做，才能让圈子既对不同的观点保持开放，又专注于探索艰难的真相？如果不能回答这个问题，我们的对话将无法深入，热爱真相的内在真我也将离我们而去。

在一些长期信任圈里，我们用四季来比喻探索的过程，以此为大家创造一个共同的基础，营造一个开放又专注的空间。这个比喻一再证明，我们可以借助它来成功地展开对话，让每位成员都得到尊重，在多样化的声音中让话题一直围绕着具有挑战性的问题展开。借助四季的比喻，人们可以用适合自己的语言来谈论我们平时回避的问题，这样既不会冒犯别人，也不会觉得被别人冒犯。

我用每个季节来举例说明一下。信任圈的第一次会面一般都在秋天，这是很多人夏季休假后重新回来工作的时候，也是大自然摇落和传播植物种子的时节。在这个重新开始的季节，信任圈可以探讨一下"真我的种子"。

当你和我带着完整无缺的自我来到世上时，种下了什么样的种子？我们如何忆起和重获那些与生俱来的天赋和潜力？我们探讨这些问题的方法是通过个人自传——大家一起分享童年的故事。从这些童年故事中，我们可以找到我们是谁的蛛丝马迹，也就是说，在内在和外在的力量开始扭曲我们的真我之前，我们是谁。通过讲述自己的故事，我看到一些热情已经耗尽的老师重新找回了自己投身于教育事业的初心和激情，并决定再也不让任何人夺走这份激情。

但是，这些带着播种人的希望、蕴含着无数可能性的种子在秋天种下后，最终要经历严寒的冬天。那时，我们出生时拥有的潜力似乎早已消逝得无影无踪。在生命的冬天旷野上，我们放眼望去，似乎可以肯定，不管我们在秋天种下了什么种子，它们现在都深深地埋在积雪下面，完全冻死了。许多意志消沉的人发现，用"死寂的冬天"来比喻他们那荒芜的内在生命再合适不过了。

但是，如果我们了解自然界的冬天，我们会意识到我们看到的不是死亡，而是休眠。当然，有一些生命消逝了，但大部分生命都潜入地下，进入冬眠，等候着更新和重生的季节到来。所以，冬天是在邀请我们找出内心中似乎死去的东西，看看它是不是实际上在休眠，并问问自己：我们怎么才能帮助它，也帮助我们自己"度过冬天"。

认识到我们内心有多少东西在休眠是一种非常强大的体验。成年人喜欢假装没有缺憾，如果我们愿意放下伪装，承认我们生命中那些尚未实现的东西，那么我们就可能会向好的方向转变，这不仅仅是为了我们自己。例如，在老师们发现自己休眠的才能或潜力之后，他们就更容易觉察到学生身上休眠的东西，从而成为更好的老师。几乎每个遇到过好老师的人都会说："那个老师在我的身上看到了一些我自己都看不到的东西。"

春天是一个充满惊喜的季节，我们再次意识到，尽管我们总是心存疑虑，冬天的黑暗还是会让位于春天的光明，冬天的死亡也会带来新的生命。所以有人把春天比喻为"悖论盛开的季节"。冬天的艰辛孕育了春天的奇迹，我们可以反思一下诸多的"亦此亦彼"，我们必须信守这些"亦此亦彼"，才能过得充实和幸福，也更加相信我们从骨子里知道怎样信守这些"亦此亦彼"。

信念越深，疑虑越多；希望越大，越容易绝望；爱得越深，失去的时候越痛苦。这些是我们生而为人必须相信的几个悖论。如果我们拒绝相信，而是希望生活中没有疑虑、绝望和痛苦，我们会发现自己的生活中也会缺少信念、希望和爱。大自然在春天提醒我们，人性和大自然一样，可以把对立统一起来，从而让我们变得更加宽容和仁爱。

夏天是丰饶的季节，也是第一次收获的季节。在与真我的种子一起经历了从出生、死亡、休眠到盛开的艰难旅程之后，我们现在可以看看内心的丰饶，然后问："我的使命是帮助谁？我应该在哪里奉献我的天赋？"在之前的旅程中，我们对于**我是谁**有了一些认识，进入生命的夏天后，我们会在此基础上对于**我属于谁**获得进一步的认知。[1]

我们中的理想主义者往往会过早地问"我属于谁？"，我们想为世界做贡献，但做力不能及的事情很快会把自己的精力耗尽。我不能给予自己没有的东西，所以我必须知道我的哪些天赋经历了发芽、开花、结果，现在到了收获和分享的时候。如果我奉献的天赋是从真我的种子中生长出来的，那我尽可以奉献而没有耗尽之虞。它就像树上的水果一样，时候到了，会重新挂满枝头。

以四季轮转为蓝本的信任圈能帮助我们变成自己内在真我的园丁，教会我们每个优秀园丁都知道的事情——生命是内部力量和外部力量不断相互作用的结果。我们能应对内部力量，但对外部力量，我们却常常无能为力。生命是一个共同创造的过程，我们有时候在前面引领，有时候在后面跟随。托马斯·默顿把生命之舞称为"大舞蹈"（the general dance），当我们的生命翩翩起舞的时候，我们不妨把更多的优雅和自信带进自己的舞蹈中。[2]

面对信任圈中形形色色的信仰和对信仰的怀疑，四季的比喻可以让我们用一种开放但又集中的方式来探索我们的内在生命。为什么？因为在我们不同的信念之下，我们有共同的、比信仰层次更深的东西，那就是扎根于自然界的生命，以及与自然界节奏相呼应的生命周期。四季的比喻唤起了我们生命中共同的东西，让我们能够用充满挑战但又不无抚慰的方式来探索我们的生命。[3]

我听到有人说，在现代社会中已经无法进行真正的对话。这是因为社会越来越多元化，大家的共同点越来越少。不过在四季比喻所营造的空间里，我们可以把"不可能"变成"可能"。

我在信任圈里见过一位犹太教授，凡是与宗教沾边的东西他都敬而远之，坐在他对面的老师不仅信教，还是一位非裔美国人。我看到他们俩非常真诚地探讨一些深刻的问题，彼此用开放和尊重的态度来接纳对方,也感觉到他们俩在探讨过程中变得越来越开放。

在这个伤痕累累的世界里,这样的对话不啻交流的奇迹。正是四季的比喻唤起了我们生命中隐藏的整全,继而让这个奇迹成为可能。

优雅的氛围

信任圈还有一个特点,让它对内在真我和被第二十二条军规套牢的人来说具有吸引力:我们会面的环境和节奏要有一种简单的优雅。

我们经常在非常丑陋的地方见面,结果内在真我都不愿意光临。在酒店会议中心开过会的人都明白我的意思。在这样的会议室里,天花板要么太高,要么太低;窗户很少,甚至没有窗户;刺眼的灯光让人看起来发绿;椅子不舒服,而且成排摆放,甚至固定在地板上;房间的地板坚硬,制造出很多回音;制冷或制热系统制造出那么多"白噪声",大家都听不清发言人在说什么;室内装饰也配不上"装饰"这个名字。

我们似乎都忘了,我们会面的环境会影响我们内心的感受和交流的质量。还好,我们可以按照一个简单的公式来布置一个让内在真我愿意光临的环境:与上面我描述的氛围反着来就行!

- 房间既不拥挤也不空旷,有足够的空间放一圈舒适的椅子(如果人数很多的话),椅子方便移动,可以摆成小圆圈。

- 窗户与视线平齐，让大家可以看看窗外缓解压力，也让室外的环境与室内融为一体。
- 室内装饰温馨怡人，有鲜花等简单优雅的装饰品。
- 地板铺设地毯，这样不会有回音。房间的传声效果好，低声细语也能被大家听到。
- 用暖光灯，不用冷光灯。

说到让内在真我愿意光临，信任圈的时间安排和环境一样重要。简单优雅的物理空间和从容得当的时间安排都能触动内在真我：把时间安排得当，和给我们一个温暖舒适的物理环境是一样重要的。

但是很多时间表只能用**不从容、不得当**来形容。为了证明自己不浪费时间，我们把会议日程安排得满满当当，匆匆忙忙地从一个议题进入下一个议题，根本无法好好地深入探讨任何事情。我们焦虑不安、上气不接下气地一起冲进树林，与我们的理性和自我一起停留在表面，而一切与内在真我相关的东西则飞一般地逃遁到了树林深处。

安排一个对内在真我友好的时间表有三个关键：慢下来、少即是多、注意节奏。例如，下面是信任圈一日活动的前半部分日程安排，我会在接下来的几章里讨论这份日程安排值得关注的点。

周六上午 9 点开始聚会。首先是 3～4 分钟的静默时间，然后带领者邀请大家自由组成 3 人小组，用 15 分钟围绕下面这个问题展开讨论：自从我们上次聚会以来，你生活中发生了什么你想让别人知道的事情？

小组讨论结束后,带领者发给大家一首诗,这样上午的讨论就可以紧贴当天的主题。比如,当天的主题是"真我的种子",相应的诗是德里克·沃尔科特㊀(Derek Walcott)的《爱之后的爱》——

> 总有那么一天,
> 你会满心欢喜地
> 欢迎你的到来,
> 在你自己的门前,自己的镜子里
> 彼此微笑致意,
> 并说:坐在这里,吃吧。
> 你会再次爱上这个曾是你的陌生人。
> 给他酒喝。
> 给他饭吃。
> 把你的心还给自己,
> 还给这个爱了你一生,
> 被你因别人而忽视
> 却一直记着你的陌生人。
> 把你的情书从书架上拿下来,
> 还有那些照片、绝望的笔记,
> 从镜子中揭下你的影子。
> 坐下来,
> 享用你的一生。[4]

㊀ 德里克·沃尔科特(1930—2017),圣卢西亚诗人、剧作家及画家,主要作品有《在绿夜里》《西印度群岛》《白鹭》等。他于1992年获得诺贝尔文学奖,2011年获得艾略特奖。

这首诗只有半页纸的长度，但接下来我们会花两个半小时来讨论它。第一个小时是带领者引导大家共同讨论的时间，带领者提出一些问题，让大家把文本和自己的经历结合起来，就这首诗和当天的主题展开探讨。之后是 30 分钟的安静休息，让大家有机会反思一下刚才的讨论，想想自己说的话和别人说的话，在这段时间里大家可以散步、写笔记，或做任何内在真我想做的事情。

接下来，带领者邀请大家自由组成 3 人小组，讨论 45 分钟。讨论的时候不能用一问一答式的对话在小组内交流想法和经历。我们的做法是每人有 15 分钟来谈自己的体会，另两人专心地听，让每个人都有机会深化自己对主题的思考，提出自己独到的见解。

最后 15 分钟，带领者邀请大家回到大组，分享刚才独自思考和小组讨论时遇到的问题和得出的洞见。之后是午饭时间，午饭后大家各自安静地休息 2 个小时，下午 3 点的时候回来进行下一个步骤。

我们没有在时间表里塞满多个主题和多篇冗长的文本，而是依托一首短短的小诗，把上午的大部分时间都集中在一个主题上。在组织方式上，从大组讨论到独自安静地思考，再到小组讨论，最后回到大组，这样就营造了尊重多样化的学习方式、尊重内在真我的空间。

慢下来，少就是多，注意节奏。为信任圈制定时间表的时候，做到这三点，安静地走进树林、坐在树下，耐心地等候害羞的内在真我出现，让内在真我引领我们的生命。

A HIDDEN WHOLENESS

| 第6章 |

委婉地说出真相
隐喻的力量

> 说出全部的真相，但别太直接
> 迂回的路才引向终点
> 真相的惊喜太明亮、太强烈
> 我们不敢和它面对面
> ——艾米莉·狄金森

现在我成了自己

"每一天，我在每个方面都越来越好。"我不知道谁是第一个说这句话的人，但这个人肯定整天生活在幻想中。已经过去的65年里，我的人生之路从来不是笔直向前、一路上扬的，而是起起伏伏、兜兜转转地打转。在一段时间内，我忠实地追寻着真我的线索，但不知何时就会线索中断，重新落入黑暗中，而身处黑暗的恐惧会再次驱使我踏上追寻真我的旅途。

据我所知，这是人类与生俱来的一种模式。但自从我加入信任圈以后，这种模式对我的影响已经越来越小。现在我的线索中断的次数越来越少，重新找到它的时间也越来越短。但是，要避免重蹈覆辙,首先我不能再像以前那样否认这种模式,其次也不能再对它做什么概括,就像我现在正在做的一样!我必须正视和认真思考过往人生中的点点滴滴,这些点点滴滴的往事里有好有坏,也让我觉得太过于痛苦,不想在公开场合跟人谈起。

为了尊重大家的这种感受,也为了尊重内在真我,信任圈不会轻率地讨论诸如失去真我和发现真我这样的话题。我以前在别的地方参加静修会的时候遇到过这样的要求:"俩人一组,告诉对方一件你引以为耻、从来没跟别人讲过的事情!"信任圈不会提这样的要求,而是通过诗歌、故事、音乐或艺术品——任何有比喻意义的、能让我们间接接近主题的作品,在带领者的引导下来探讨主题。

例如,我们看一下梅·萨顿(May Sarton)《现在我成了自己》这首诗的开头部分:

> 现在,我成了自己。
> 这一步,经历了时间的洗礼。
> 多少岁月,多少辗转;
> 我曾经动摇,也曾经迷失,
> 戴着别人的面具,
> 我疯狂地奔跑,好像时间
> 已经垂垂老矣,它大声地警告:
> "快点,在那之前你将死去——"
> (什么?在早上之前?
> 还是写完这首诗之前?
> 还是围城里的爱变得安全之前?)[1]

我们在信任圈里讨论这些诗句的时候,是在间接地探讨失去真我和找到真我的问题。一开始,我们好像在讨论诗人追寻自我的旅程,但我们很快就明白过来,在讨论这首诗的时候,不管我们说什么,我们都是在说自己。我们在反思曾经把自己伪装成别人的往事;反思在踏上追寻真我的旅程之前,那些"动摇和迷失"的时刻;反思在知道自己是谁之前,我们对死亡的恐惧,以及这种恐惧在我们内心里造成的狂乱。

这些主题都很沉重,有些我们甚至希望回避。但是,通过诗歌来讨论这些主题,我们可以按照自己的情况与主题保持合适的距离,同时又把重点放在有意义的事情上。随着集体讨论的展开,我们知道了这个空间有重点、有意义,能给我们带来启示,而且特别安全,我们开始信任这个空间,敢于更加直接地谈论自己。害羞的内在真我出现的次数多了,它需要的保护性掩饰也就少了。

迂回的路才引向终点

信任圈的每个做法都是在让彼此之间的空间是开放的、自由的,但又以内在真我为重点。我们必须有目的地探索生命中的真正问题:信心与恐惧、希望和绝望、爱与恨等。但我们的探索必须以邀请为前提,给予每个人以自己的方式参与讨论这些问题的自由。当我们的目的变得沉重,或者开放变得漫无目的时,内在真我就不会出现。

怎样营造一个既有重点又有吸引力的空间呢?诗人艾米

莉·狄金森——世人皆知她有一个害羞的内在真我——给了我们非常有用的指引：

> 说出全部真相，但别太直接
> 迂回的路才引向终点
> 真相的惊喜太明亮、太强烈
> 我们不敢和它面对面
>
> 就像雷声中惶恐不安的孩子
> 需要温和安慰的话
> 真相的光也只能慢慢地透射
> 否则人人都会变瞎[2]

在西方文化中，我们经常通过对抗来寻求真相。但我们一味地冲向真相，反而会把害羞的内在真我吓跑了。如果我们想让内在真我说出并且让我们听到这真相，我们必须迂回地接近它。我不是说我们应该遮遮掩掩，在让人不舒服的话题上含糊其词，这样做只会剥夺我们的力量、削弱我们的关系。但是内在真我的真相太过于强大，我们接近真相和真相接近我们的时候，必须用间接的方式。我们不能命令内在真我开口，而必须用邀请的方式；我们不能强迫自己听取内在真我的真相，而是必须尊重自己的意愿。

在信任圈里，我们通过把重点放在重要的主题上来实现我们的目的，通过借助有比喻意义的诗歌、故事、音乐或艺术品来探讨主题，迂回地接近。我把这些有比喻意义的诗歌、故事等称为

"第三事物",因为它们既不代表带领者的声音,也不代表参与者的声音。这些事物有自己的声音,它们通过比喻的方式委婉地说出真相。有第三事物作为中介,真相可以以我们能够接受的速度和深度,从我们的意识中浮现,并回到我们的意识中,它有时在内心深处沉默,有时对着众人讲述,这一切都为害羞的内在真我提供了它所需要的保护。

如果使用得当,第三事物的作用有点像古老的罗夏墨迹测验(Rorschach inkblot test),能够唤起内在真我想让我们关注的东西。有好的隐喻作为中介,内在真我可能比平时更想说点什么。但是,如果我们意识不到内在真我在说话,或者没有注意它在说什么,这一切都将变得毫无意义。

正因如此,我们在信任圈里使用一种非传统的记笔记方法。参加工作坊和静修会的时候,我们通常记得最多的是领导者讲的话,其次是一些有趣的人讲的话,还有寥寥几条自己讲的话。在信任圈里,我们把这个顺序倒了过来,我们记得最多的是从自己内心冒出来的话,不管有没有说出来,值得记的都要记下来。

一开始,我们觉得把自己的想法和说的话记下来好像有点怪。我们有一种奇怪的自负的想法:只要是我们想过或说过的话,我们就能完全明白它们的意思!但是在信任圈里,内在导师可能会告诉我们一些全新或者很难理解的见解,需要我们慢慢去消化。如果当时不记下来,或者过后不去思考,我们可能会理解偏颇、忘记,甚至否认这些见解。如果当时把自己的所思所说记下来,即使信任圈早就结束了,我们也可以根据这些笔记学习。

像在信任圈里这样迂回地说出真相和聆听真相的谈话总是

面临着风险，因为这样的谈话与传统规范是相反的。例如，探讨梅·萨顿那首诗的时候，我们可能发现在座的某个人的博士论文写的就是梅·萨顿的诗，我就遇到过这种事情。听人们谈了一会儿之后，他强调说："梅·萨顿可不是这么想的！"立马，这个圈子就不安全了，因为这位"专家"想用"客观的"知识来主导圈子，把那些从心出发说话的人吓得不敢再发言。

遇到这样的情况，带领者必须温和而坚定地迅速行动，让所有人都重新感到安全，如果可能的话，也包括让那位打破空间的人重新感到安全。我记得我当时大概是这么说的："萨顿是怎么想的确实是一个很有意思的话题，但我们今天不讨论这个。我们讨论的重点是这首诗与我们的生命有什么交集，它唤起了我们哪些回忆。在讨论开始之前，我邀请大家从这个角度来讨论这首诗，现在我邀请大家继续这么做。"

但是，让大家畅所欲言地谈自己的主观感受并不意味着"说什么都可以"，也就是说我们必须既欢迎大家畅所欲言，又要有目的性。在优秀带领者的带领下，第三事物可以为信任圈富有创造力的空间提供界限——一个是漫无目的的漫步，另一个是强行向既定目标前进。第三事物帮助我们让讨论保持在这两个界限之内。

如果大家跑题了，说的话与主题无关（往往是因为这个主题触动了人们的心灵），带领者可以把大家拉回来，回到文本本身的界限内，让大家围绕着故事或诗里面的一个字、一个意象或一句话来表达。在大家被拉回关注文本本身之后，也就回到了问题本身，能重新听到内在导师的声音。这样一来，我们的探讨更有可能由内在真我驱动，而不是由潜伏的自我和理智驱动。

T.S. 艾略特关于诗歌的论述也适用于所有第三事物："（诗歌）会让我们……更多地触及我们生命中那些更深层的、说不清的情感，这些情感构成了我们存在的基础，我们很少深入探究这些情感，因为大部分时间我们都在回避自己。"[3]

一个道家故事

在过去30年里，我带领信任圈的时候用过上百个第三事物。[4] 其中对我意义最大的是一个名为《梓庆削木》的故事，它出自2500年前的中国道家代表人物庄子所著的《庄子·达生》。[5] 虽然年代久远，但是对追求整全的所有人来说，这个故事有永恒的意义。

接下来我会比较详细地探讨这个故事，我这样做有两个原因：首先，这样可以示范使用第三事物时需要注意的一些重要方面；其次，我们所有人都可以借此机会向洞彻人生的庄子学习莫比乌斯带上的生活之道。

梓庆削木

梓庆削木为鐻，鐻成，见者惊犹鬼神。鲁侯见而问焉，曰："子何术以为焉？"

对曰："臣工人，何术之有！虽然，有一焉。臣将为鐻，未尝敢以耗气也，必齐以静心。齐三日，而不敢怀庆赏爵禄；齐五日，不敢怀非誉巧拙；齐七日，辄然忘吾有四枝形体也。

当是时也，无公朝，其巧专而外骨消；然后入山林，观天性；形躯至矣，然后成见鐻，然后加手焉；不然则已。则以天合天，器之所以疑神者，其是与！"㊀

我在书中无法再现这个故事在信任圈里引发的热烈、深入的集体讨论，只能大体说一下，那些讨论具有极大的力量来照亮、认可和思索我们的生命。大家在信任圈里讨论得深入而热烈，但在这里只有我一个人的声音，所以以下内容还请大家动用自己的想象力进行补足。

想象一下，你跟 20 个人一起坐在圈子里，每人手里拿着一份《梓庆削木》，带领者问了一些问题来引导讨论。听到问题，有人在心里默默地说，有人侃侃而谈，一个人发言完了之后圈子会短暂地安静一会儿，然后下一个人再发言。讨论中有欢声笑语的时候，也有严肃的时刻，大家一起讨论这个故事和自己生活的意义。我描述集体讨论的时候，请想象你也身在现场，让《梓庆削木》这个故事唤起你内心的记忆和感受。

首先，带领者问谁愿意朗读第一句，谁愿意朗读第二句，以

㊀ 译文：梓庆削木做鐻，做成后，看见的人惊为鬼斧神工。鲁侯见了问："你用什么技术做成的呢？"梓庆回答说："我是个木匠，哪里有什么技术？不过，却有一点。我要做鐻的时候，不敢耗费精神，必定斋戒来安静心灵。斋戒三天，不敢怀有庆赏爵禄的心念；斋戒五天，不敢怀着惠誉巧拙的心意；斋戒七天，不再想念我的四肢形体。在这个时候，忘记了朝廷，技巧专一而外扰消失；然后进入山林，观察树木的质性；看到形态极合的，一个形成的鐻宛然呈现在眼前，然后加以施工；不是这样就不做。这样以我的自然来合树木的自然，鐻所以被疑为神工，就是这样吧！"
——译者注

此类推，直到文章的最后一句。听到几位朗读者用不同的声音和音调朗读文章，透露出来的着重点也各有不同，可以期待之后的集体讨论一定精彩纷呈。

接下来，带领者问了一个概括性的问题，让大家说一下对故事的整体理解："对你来说，这个故事讲的是什么？此时此刻，它与你的生命有什么样的交集？有没有一个字、一个词或一个意象让你产生共鸣？"

安静了一会儿之后，有人说："我是一个老师，我的工作与木头无关。但是，这个故事跟我与孩子们的相处有类似之处。我真的很希望能帮助所有学生都找到他们内在的'鐻'。"另一个人说："这个故事让我想到我的工作。跟梓庆一样，我一直有交作品的压力，我因为这件事实在有点心烦意乱。"还有一个人说："我需要用某种方式从日常责任中抽离出来，像梓庆一样，深入思考我正在做的事情。但是我好像还做不到。我羡慕这个人有沉思的机会。"

大家讨论自己与这个故事有什么交集的时候，至少会发生两件事情：发言的人会听到自己明确地说出以前只是模模糊糊感知到的真相，即使以前说过，这次在众人面前明确地说出来也会让他们认真地对待真相。那些听的人，即使没有开口，也可能会听到别人说出和自己一样的真相，而他们自己之前无法想清楚这个真相。在社群里通过第三事物探讨内心的问题，不管是只发言、只听别人发言，还是既听又讲，都能获得重要的洞见。

我自己在多个信任圈里发言和听别人发言的经历让我领悟到了《梓庆削木》的故事是如何照亮了我的人生。作为带领者－参与者，我可以说这样的话：

"像我一样，梓庆受到压力，要他只关心外在的事情——鲁侯的命令、他要完成的鐻、他能找到的工具和材料、别人怎么评价他的手艺。但是他没有汲汲于外在的事情，而是关注内在的真相，他这么做不是为了逃避世界，而是为了回归到世界里，与世界一起创造有价值的和美的东西。"

"他这么做是顶着很大压力的！是鲁侯下达了做鐻的命令，鲁侯的工坊里可没有什么员工手册，也没有什么劳动申诉流程。如果梓庆搞砸了，鲁侯可能会下令把他处死！他心里肯定有所畏惧，但他接受了鲁侯的命令，并把命令转化为选择。"

"当然，并不是所有的命令都能转化为选择，或者应该转化为选择，有些命令是要以死相抵的！但是有时候生活或其他人会向我提出要求，唤起了我不知道自己拥有的一些东西。如果我能接受那种要求，并把它转化为选择，就可能会带来好的结果。"

"例如，当我初为人父时，我没有预料到接下来的很多年里，我的生活将在多大程度上'被掌控'。哪对年轻的父母会预料到呢？但是在我接受这样的要求，把它作为一个选择之后，我的生活随即变得丰富，在随后抚养三个孩子长大的过程中，确实证明了这一点。"

听到这里，圈子里有人点头赞同，有人的看法却大相径庭："我希望我也有一个这样的老板，能给我 7 天假期让我好好思考一下我的任务！"或者："我希望有一份梓庆那样的工作，一次只有一项任务，而且不用照顾家里！毕竟他不用做饭、洗碗，也不用修剪草坪和修车。"这些人的意思是，如果他们的生活像梓庆那样无忧无虑，他们也可以过充满创意和整全的生活——但是在现实世界中，像梓庆那样显然是个无法实现的梦想。

信任圈出现了观点的冲突意味着我们到了一个关键的时刻。这个时候我们很容易回到老样子，争论现实世界是不是像有些人说的那样有诸多限制，试图让别人相信或放弃某个观点。这个时候我们可能会忘记我们为什么来到这里：不是为了说服什么人相信什么事，也不是为了就事情的真相达成共识，而是为了帮助每个人学会聆听自己的内在导师。

这个时候带领者可以用罗夏墨迹测验来提醒大家：我们对《梓庆削木》的反应更多地反映了我们自己的想法，而不是文本在讲什么，所以要多多注意自己在说什么。我们来到这里不是为了辩论故事的"客观意义"（说得好像它有客观意义似的），也不是为了辩论这个故事对别人的生活有什么意义（说得好像我们熟悉别人的生活似的），而是为了保护、尊敬、致敬彼此的独处，每个人都在倾听故事本身，以及关于故事的讨论在内在导师那里唤起了什么意义。

同时，带领者需要提醒大家，一个文本有它自己的声音，对此我们必须仔细倾听，就像我们听别人说话一样。具体到《梓庆削木》这个故事，带领者可以指出，故事里压根没说鲁侯给了梓庆 7 天假期去斋戒静心，只是说梓庆经历了一个为时 7 天的过程。故事里也没说梓庆抛弃了家庭责任，自己找地方静修，他可能是一边尽着家庭、工作和公民的责任，一边斋戒静心的。

带领者必须温和而坚定地传达这个信息："你发现自己被这个故事吸引也好，排斥它也罢，如实记下你的反应，并仔细思考。对待他人对故事的诠释也是一样的，记下并思考。问问自己，你的反应背后有没有隐藏着个人经历？你的反应投射了什么内在问题？努力去理解你的反应，有可能你会发现你的内在导师有重要的话要跟你说。"

一段时间过后，带领者就不需要再针对此事提醒大家。参与者开始明白，关于第三事物，不管他们说什么，其实都在说自己，到了这时候，参与者会把带领者的提醒内化成自己的声音。

明确说出自己的真相

开始的时候，带领者邀请大家就故事展开开放式讨论。10～15分钟以后，带领者需要让讨论更加聚焦一些，在开放和目的之间取得平衡。

作为带领者，我会这么说："像《梓庆削木》这样的故事值得细读，所以我们一步一步地来读这个故事。首先，我们来看看在开头几句中，庄子是如何描述这个故事的背景的。"

> "梓庆削木为鐻，鐻成，见者惊犹鬼神。鲁侯见而问焉，曰：'子何术以为焉？'
> "对曰：'臣工人，何术之有！……'

"在这里，梓庆周围的人都被鐻的美惊呆了。他们说'这简直是鬼斧神工'。鲁侯问'你用什么技术做成的呢？'，梓庆回答'我是个木匠，哪里有什么技术？'。这一段你是怎么理解的？你觉得故事里的每个人想表达什么？"

有人说鲁侯和众人对梓庆高超的手艺叹为观止。有人说他们觊觎梓庆的"秘诀",有了这个秘诀他们就可以大量生产和销售他的作品,让它成为随处可见的招牌产品!另一个人相信,鲁侯觉得梓庆的力量对他构成了威胁,所以想知道梓庆的"秘诀",从而重新占据上风。还有一个人说,鲁侯和众人把梓庆当作超人般的存在,这是出于逃避心理,不想尽力挖掘自己的天赋。

听了大家的发言,我们至少会得知两件事情:第一,大家的内在问题不同,导致了他们对开头几句话的解读也不同;第二,就像我们把自己的想法投射到故事里一样,故事里的人也把自己的需要投射到梓庆身上!不管鲁侯和众人的投射是出于叹服,还是出于商业利己主义,或者出于对权力的贪欲甚至对自我的放弃,有一点是很清楚的:随着故事的展开,周围的人向梓庆身上投射了一些强烈的想法,似乎他是个魔法师一样的人物。

当然,这些投射迎合了梓庆的自我。至少我是这么想的!谁不想被认为拥有超人的能力呢?我们总是欣然接受这种投射,将其称为"职业姿态"。"我当然有秘诀,但是我求学的时候付出了那么多的时间和金钱成本才成为医生(或者是会计师、机械师等),我才不想把我的秘诀说出来!我可以跟你说一点点我们这个行业的秘诀,但我会用十分晦涩的字眼,你是听不懂我在说什么的!"

但是梓庆拒绝了别人对他的投射。为什么?因为梓庆知道,一旦我们屈从于别人对我们的定义,我们就无法意识到真我,也无法意识到我们与世界之间的关系正确与否。不管这些投射让我们成为英雄还是孬种,当我们任由他人来定义我们时,我们就无法触及自己的真相，也破坏了我们与"他者"共同创造的能力，而这个创造的过程是能够滋养生命的。

你就算不是某方面的大师，也会陷入投射的网中。只要我们与其他人一起工作和生活，就无法避免别人的投射！实际上，当学生对老师说"您是专家，直接告诉我们答案吧，这样我们就不用自己想了"时，老师便接收到了投射，诱使他们讲出答案，而不是帮助学生学会个中的原理。当读者对作家说"您写过一本这方面的书，所以肯定是这方面的专家"时，作家便接收到了投射，诱使他们失去虚怀若谷的优势，而虚怀若谷会激发出最好的思考和写作状态。父母从孩子那里接收到投射，老板从员工那里接收到投射，政治家从公民那里接收到投射，这样的情况数不胜数，而这些投射造成的扭曲效应也无穷无尽。

所以梓庆拒绝了人们根据外在印象对他进行定义，他保留了从内心出发来定义自己的权利："臣工人，何术之有！"他的话很简单、意思清晰。抵挡住投射，保留定义自己真相的权力是迈向整全的第一步，也是关键的一步。如果我们在这一步上失败了，我们就会迷失在永恒的烟雾和镜像中，甚至找不到通往我们内在生命的入口。

在谈论《梓庆削木》的开头一幕时，圈子里的每个人都开始冒出一连串的问题：我身上有什么投射？这些投射来自哪里？它们背后的驱动力是什么？它们怎样扭曲了我的自我意识？我怎样应对它们？我怎样才能更好地应对它们？我怎样才能想清楚并说出自己的真相？每个问题及其答案都是通往整全生活旅途中的重要一步。

工作前的工作

梓庆知道，要做好工作，他必须应对外界的限制，而又不牺牲内心的自由，让这两极像莫比乌斯带的两个面一样相互转换。所以，他一开始并没有全情投入到鲁侯吩咐他做的事上，而是专心做一件紧要的事：找回真实的自我。在后续的故事中，梓庆从未停止过这项内在工作。

我们在信任圈里探讨这个故事的时候，大家意识到梓庆在回答他是怎样做出这件杰出的艺术品时，从未提到他用什么凿子、他拿凿子的角度或者他雕刻木头的时候用多大的力量。

当然，一个原因是对那些多年来一直在技艺上精益求精的人来说，工具和技术已经成了他们的第二天性。但梓庆对技术方面绝口不提的背后还有一个更深层的原因：虽然技术很重要，但在打造至纯至美的工艺品时，技术不是最难的部分。真正困难的是梓庆谈到的一点：在灵巧的双手背后，如何形成良好的心态。

我把故事的这一部分称为"工作前的工作"。我收到新"命令"时，会尽力记着这句话。在着手外部的工作前，我有内在的工作要做：

> 臣将为鐻，未尝敢以耗气也，必齐以静心。齐三日，而不敢怀庆赏爵禄；齐五日，不敢怀非誉巧拙；齐七日，辄然忘吾有四枝形体也。

有意思的是，梓庆刚刚说了"臣工人，何术之有！"接着却透露了一个似乎是最高层次的秘密，叙述了自己从接到鲁侯的命令到发现适合做鐻的那棵树的内在之旅。作为信任圈的带领者，我请大家不要把这段斋戒三日、五日、七日的叙述当作一个必须模仿的公式，而是借此来激发我们的想象。你自己有没有过类似"未尝敢以耗气也""齐以静心"或"忘"的经历？你是怎么做的，或者你希望怎么做，以达到梓庆进入山林之前的内心境界？你迈向整全生活的内在之旅是什么样的？

以下是我对这部分罗夏墨迹测验的一些回答。梓庆描述他内在之旅的第一步是"未尝敢以耗气也"。这听起来好像是处于内在生命与外在生命关系的第二阶段和第三阶段。在这两个虚幻的阶段中，我们与外界保持距离，躲在墙的后面生活。但是，梓庆描述的"未尝敢以耗气也"不是这样的。

他说"未尝敢以耗气也"，他没有把外部世界挡在心的外面，外部世界总是与我们同在，无法逃避。他守护自己的心，防止自己把精力耗散在琐碎的事务上，防止自己用下意识的习惯性反应模式来应对外在力量，他在深思熟虑之后再做出决定。

重要的是，他保护自己不受"害怕"这种习惯性反应模式的影响。他说"必齐以静心"的时候，是在承认刚接到鲁侯的盼咐时，他心里非常害怕。

我深知害怕是什么滋味，所以当我看到连梓庆这样技艺高超、拥有"木雕大师"美誉的资深人士接到任务也会害怕的时候，我心里是不无安慰的。年轻时，我渴望着有一天以只有年龄才能带来的经验为底气，可以毫无畏惧地工作。但是我现在年逾六十，我意识到自己在余生会不时感到害怕。

我可能永远摆脱不了害怕。但是就像梓庆一样，当害怕来临的时候，我可以学着坦然面对。所以当梓庆在他的内在之旅中迈出下一步时，我心中充满了赞叹：他说出了引发他害怕的内在力量，从而增强了他对生命的意识。他必须守护他的心免受这种内在力量的影响，否则他与外部世界的关系会被扭曲。他特别指出了"庆赏爵禄"对他的吸引，还有他容易受到"非誉巧拙"的影响。

外部世界用奖励和惩罚措施来激励、改变或约束我们，但是只有我们将它们内化后，它们才会起作用。只有我们赞同这个世界的逻辑，它才能左右我们的思想和行为。所以梓庆通过"齐以静心"和"忘"来弃绝外部世界的逻辑。当然，忘记功名利禄和毁誉得失是说起来容易做起来难的事情。但是，把害怕说出来，就像梓庆那样，是超越害怕的第一步。我们在信任圈里也可以把害怕说出来。

梓庆说他"辄然忘吾有四枝形体也"，人们有时候会觉得这样说贬低了身体的价值，但是我在罗夏墨迹测验中的回答却跟人们相反。凡是工作时动作娴熟、干净利落的人，例如出色的木雕匠人、运动员或乐手，都必须完全信任他们的身体，这差不多等于"忘记"。棒球游击手只要有一刹那怀疑自己的手是不是放在了正确的位置上，他就有可能击球失误；钢琴演奏家在快速弹奏肖邦的即兴重复段时有所迟疑，然后就会出现失误。

我们这样"忘记"身体之后，我们就明白了"身体有自己的意识"这句老话的真正含义。即使我们不打篮球、不弹施坦威㊀，

㊀ 一个钢琴品牌。——译者注

我们也必须拥有信任身体的智慧，把它当作内在指引的一部分。当我们这样做的时候，就会像梓庆一样，对外部命令的反应会减弱，而对内在导师的反应则会更加积极，我们开始与内在真我的步调更加一致。

在信任圈里讨论"工作前的工作"时，大家非常努力地思索很多与内在之旅有关的重要问题，有人在心里默默地思索，有人与他人一起讨论：

- 我怎么守护我的心？我真的相信要守护它吗，还是我已经习惯了轻易地听从命令？
- 哪些害怕会让我动弹不得？我能否像梓庆清晰准确地说出令他害怕的力量（功名利禄、毁誉得失）一样，把我害怕背后的原因说得清清楚楚？
- 梓庆的做法是"齐以静心"和"忘"，我可以采用哪些跟他类似的做法帮助我平静面对并克服害怕，重新找回真我？

在梓庆处理这些问题的过程中，他的旅程从莫比乌斯带的"内部"浮现出来，带他走向与"外部"世界的交往：

> 当是时也，无公朝，其巧专而外骨消；然后入山林，观天性；形躯至矣，然后成见鐻，然后加手焉；不然则已。

早在鐻完成之前，"工作前的工作"就产生了三个重要的结果。我们不妨先在信任圈里探讨一下这三个结果，每个结果都能引发我们对生活中相似之处的反思。

第一，想想梓庆对鲁侯说的话是多么放肆："当是时也，无公朝。"就好像老板问你，你是怎么把他交给你的任务做得这么好的，你回答："说老实话，我需要忘记你的存在，也忘记公司的存在！"

这当然是真的。我们与老板的期待或公司文化趋同，而不是与内在真我的要求合拍，便无法共同创造出任何真实和美的东西。如果那位农业部官员无法暂时忘记他的上司和他所在的政府机构，他将永远听不到内在导师说的"我是对土地负责的"。

第二，梓庆说："其巧专而外骨消。"在这种情景下，我们可能会说："我凝神思考，想出了一个完美的设计方案。"但梓庆没有这样说，他用的是这个动词的被动形式。㊀ 梓庆放弃了他的自我和意图，让自己融入更大的真相中，从而造就了那件伟大的作品。我相信，这是我们心中最渴望的东西：与比我们的自我以及企图更大、更真实的东西联结在一起。

第三，梓庆的内在工作把他带到山林，带到"外部"世界："然后入山林，观天性……然后加手焉。"内在之旅总会把虔诚用心的追寻者带回行动的世界。

不过，在我们回到行动的世界之后，我们发现与踏上内在之旅之前的自己相比，现在的我们已经处于一个不一样的境界。这时候，梓庆对山林里的树木没有什么急切和野心勃勃的计划。他

㊀ "其巧专而外骨消"对应的英文是"I was collected in the single thought of the bell stand"，作者在这里强调collect用了被动形式。——译者注

走进山林，对自己的真相了然于胸，所以能够看到每棵树的真实样子。他在一棵树中看到了鐻的样子，"成见鐻"。梓庆能做到这样，不是因为他对树木非常了解，而是因为对自己非常了解。

每种工作里都有相当于树木的一方：对父母来说，那是孩子；对老师来说，那是学生；对管理者来说，那是员工；对作家来说，那是文字；对机械师来说，那是机器。[6]当我们看不清自己时，我们只能"透过黑乎乎的玻璃"看他人。但是，当我们像梓庆一样了解自己的自我时，我们也能将他人的自我看得更加清晰。这种更真实的了解会带来更真实的共同创造。

鲜活的相遇

"然后加手焉。"梓庆说。然后他用下面的话结束了这个故事："不然则已。则以天合天，器之所以疑神者，其是与！"

梓庆说的"不然则已"挑战了职业化的概念透露出来的自负。这种自负是指我们认为自己有了全面的知识、熟练的方法、强大的意志，肯定能把外部世界的"原材料"打造成想要的结果。

在梓庆的认识中不是这样的。像所有优秀的园丁、陶艺师、老师和父母一样，他明白一个关系中的"他者"绝不仅仅是可以任意塑形的"原材料"。每个关系中的"他者"都有自己的本性、局限和潜能，如果我们希望真有所得，我们必须学会因材而造、顺势而为。良好的工作与关系息息相关，工作的结果取决于我们能在彼此身上唤起什么。

这个故事隐藏着一个我花了很长时间才看到的真相，一方面是故事没有明讲，另一方面是这个真相让我不安：要制造鐻，就必须砍树。如果梓庆不愿意砍树，在大树周围散落一地碎屑，那么鐻就不会出现。

作为老师，我经常遇到类似的情况。我不时在学生身上看到"鐻"，他们自己尚未看到自己拥有的了不起的天赋，或者这些天赋尚处于萌芽状态。虽然释放天赋对学生和我来说都是件困难的事情，但是有时候我的努力最后会带来让我们俩都惊喜不已的结局。

但在其他时候，我"砍树"的努力只会带来痛苦，具体有两种情况。有时候学生身怀天赋，但他在释放天赋的过程中充满抗拒。他还没准备好迎接自己的天赋，但我却是那个试图让蝴蝶提前张开翅膀的人！有时候我以为某个学生有天赋，但其实并没有，是我把天赋投射在他身上，可能是潜意识里为了证明我是一个"多么好的老师"，我的自我希望那个学生拥有一些他本没有的天赋。在第二种情况下，如果我不能及时撤回那些虚幻的投射，我会对学生造成真正的伤害。

发现并释放学生的天赋是一件有风险的事情。当失败让我不得不承认这些风险客观存在时，我很容易被恐惧击溃，放弃营造关系，继续采用循规蹈矩的教学活动，因为那样很安全。每逢这些时刻，《梓庆削木》里面的一句话就会深深地触动我："然后加手焉。"品尝过失败的滋味后还能动手重新开始，意味着拥有真正的勇气！

梓庆的最后一句话让我们跨越了恐惧，重新找回希望："则以天合天,器之所以疑神者,其是与!"鲜活的相遇指的是一种伙伴关系,在这种关系中,两个及以上的生命发挥出了自己所有的力量:木工和树木、老师和学生、带领者和参与者。让我们的生活中有更多这样的伙伴关系,是这个故事对我的意义所在。

鲜活的相遇是一件可遇不可求,同时又具有风险和挑战性的事情。它不能保证什么,所以它没有像我们把彼此当作物体时的那种"惰性的碰撞"一样受欢迎。但是,鲜活的相遇有惰性的碰撞所缺乏的东西,那就是鲜活的相遇充满了生机和活力,它让生命充满兴味,也让我们更有可能去做富有价值的工作。

在信任圈中讨论完《梓庆削木》的故事后,我们对莫比乌斯带上的生活有了更深的认识。在相互尊重的基础上,信任圈中反思性的对话激发了内在导师的力量,给予了我们独自阅读时无法获得的见解。在信任圈中讨论完这个故事后,梓庆就成了我们内在之旅的伙伴。第三事物在社群中获得了生命力之后,即使信任圈已经解散,我们依然可以在之后的很长一段时间内与它进行对话。

对我来说,梓庆就有这样的意义。自从 30 多年前我在一个社群中第一次与他相遇,我从他那里得到了太多启发和指引。经过信任圈里那么多轮的讨论,梓庆的形象在我心中已经变得栩栩如生,以至于在我日常生活的每一刻,他都与我同在,随时随地给予我指引。

A HIDDEN WHOLENESS

| 第7章 |

内心深处的对话
学会聆听和讲述

> 因此，我向一个声音，向某个朦胧的东西，
> 向所有说话者心中一个遥远而重要的地方呼吁：
> 尽管我们可以欺骗对方，但我们应该对此三思——
> 以免我们共同的生活迷失在黑暗中。
> ——威廉·斯塔福德[1]

内在导师的故事

通过第三事物委婉地接近内在真我的真相有助于营造信任圈。不过，当谈论第三事物——诗歌、话题、感受或某个问题时，我们说话、聆听和回应彼此的方式都会对信任圈的氛围造成影响，或者有助于增进信任圈的正向氛围，或者会破坏信任圈来之不易的氛围。在信任圈里，我们遵循那个非主流的简单规则——"不解决，不拯救，不建议，不纠正"。在这里，我想讲一个遵守这条

规则有多难、多有启发意义的故事。

在一个种族背景多元化的信任圈里，有一位叫珍妮特的中年白人女教师。第一次参加静修会的时候，她从头到尾都沉默不语，看起来一副闷闷不乐、心烦意乱的样子。没有人去打扰她，问她怎么了，也没有人回避她，假装她不在那里。大家继续自己的对话，但心里与她同在，对她保持开放，安心等待她的内在真我出现。

第二次静修会开始的时候，事情有了变化。当时大家在探讨一首涉及种族问题的诗，珍妮特心里蓄积的不满倾泻而出。她说，她带的班级现在非常乱，这都是"那些学生"搞的，而"那些学生"都是黑人。听闻此话，圈子里几位老师（白人和黑人都有）肯定非常难过，但没有人打扰她，质疑她有种族主义倾向，也没有人回避她，假装她不在那里，而是继续等待她的内在真我出现。

有时候，大家以尊重的心态来倾听珍妮特的抱怨，沉默少许后接着讨论诗歌。偶尔有人会坦诚地问一个开放式问题，让她有机会深入思考自己的处境，例如"哪件事情让你开始有这种感受？"或者"关于这件事你觉得最困难的一点是什么？"。但是，面对这些问题，珍妮特几乎每次都是接着抱怨，根本没有借由这些问题去探究困境的根源。

不时有其他老师谈起他们和学生之间的困境，几位黑人老师还讲了他们与白人学生之间的困难。他们讲这些故事不是为了评判珍妮特，而是如实表明我们都会遇到这些问题。有位老师在讲述自己故事的时候提到了一个因文化差异造成的误解，令在场的人捧腹大笑，这让原本有些沉重的话题暂时变得轻松了。

在第二次和第三次静修会上,珍妮特还是深深受困于自己的问题。但是在第四次静修会上,珍妮特有了令人惊叹的转变。她含泪告诉大家,上次静修会回去后,她意识到自己说了什么,感到非常震惊。她决心做出改变,与最爱捣乱的学生建立更好的关系。在了解了他的经历后,她不那么生气了,开始同情他。她意识到大部分问题在于自己,并做了相应的改变,现在班里的情况已经好了很多。

当然,有时候对于一些伤害他人的行为,比如种族歧视,我们必须正面对抗。对抗是必须的,但是对抗往往不会引起真正的改变。有些人迫于压力,暂时装出改了的样子,有些人在对抗中更加固执地坚持自己原来的错误想法。珍妮特之所以发生深刻长久的改变,是因为这种改变发自内心,她所在的社群信任她的内在导师,给她时间和空间,让她慢慢听到自己的声音。

我们为什么想帮忙

"不解决,不拯救,不建议,不纠正。"这条规则很简单,但对习惯纠正别人、老想着纠正别人的人来说,遵守起来很难。有一次,我在一个长期信任圈里介绍了这条规则,有人马上说:"那这两年我们之间到底怎么相处啊?我们只会这样做,可你又不让我们这样!"

这不是玩笑话,特别是对我们这些从事咨询职业的人来说,有时候好像我们存在的全部理由就是纠正别人的错误。

说到这里,在信任圈里我们**该怎么做**呢?我们应该像珍妮特所在的信任圈那样做：首先，我们表达真实的自己；其次，不评判地聆听别人表达真实的自己；最后，用笑声与静默来支持彼此，这是一份具有疗愈性且很有力量的礼物。

这种相处方法与主流文化非常不同，所以它需要带领者清晰地解释，温和而坚定地指导，还需要参与者切实进行练习，才能避免我们继续按以前的老习惯做。不过，一旦我们体验了这种新的相处方式，我们就想在其他关系中也采取这种方式，比如跟朋友、跟家人、跟同事，还有生活中遇到的其他人。

要真心接受这种相处方式，以及信任圈的其他法则，我们需要理解为什么那些老习惯（想帮别人解决问题、提供建议、纠正错误以及拯救别人）牢牢地控制着我们的生活。当然，当对方在我们心里激起的是纯粹的同理心时，这种习惯也没什么不好。你遇到问题，向我诉说，我出于热心给你建议，希望能帮到你，这样也很好。

但是，你的问题越深入，我的建议能提供真正价值的可能性就越小。我可能知道怎么帮你修车、写文章，但我不知道怎么挽救你失败的事业、修补你破裂的婚姻，或者把你从绝望中拯救出来。对于你最深层的难题，我的回答是我设身处地给出的答案，但我不是你。就算我是你的精神克隆体，我提供的方法对你来说也没多大用处。除非我的方法是从你内心深处自己产生的答案，完全是你的想法，否则它对解决你的问题没有实质性的帮助。

面对我们最深入的问题，也就是我们要在信任圈里讨论的那种问题，喜欢向别人提建议的习惯就显露出了它阴暗的一面。如果这个阴暗面有自己的逻辑，那这个逻辑可能是："你听我的建议，肯定能解决你的问题。如果没解决问题，那就是你没尽力。如果你不听我的建议，反正我也仁至义尽了，我问心无愧。不管最后结果如何，我都不用再管你，或者不用再管你那个烦人的问题。"

而我们为别人提供的解决方案（其实根本解决不了别人的问题）的背后，隐藏的是防止对方靠近自己的想法。这真是够讽刺的。这是一种表面关心但实际上想放弃对方的策略。可能这也解释了为什么我们这个时代极为普遍的哀叹之一是"没有人真正看到我、听到我、理解我"。我们不是真心聆听，而是急于帮别人解决问题，以免被牵连得更深，这样怎能做到彼此理解呢？造成很多人有强烈的孤独感和隐形感的部分原因，正是我们急于"帮助"别人、实则赶紧把别人打发走的习惯。孤独感和隐形感不是年轻人的专利，虽然我们很乐于"帮助"他们解决问题。

当你向我诉说你内心深处的问题时，你期待的不是我给你提供解决方案，或者拯救你，而是希望我看到你、听到你、认可并尊重真实的你。如果你的问题触及内心深处，你的内在真我自己就知道该如何做，而我自以为是的建议只会把你的内在真我驱赶进树林，令它深深地躲藏起来。所以，当你向我吐露心声时，我能给你的最好建议就是给你一个空间，忠实地守护你，让你慢慢听到内在导师的声音。

但是，用这样的方法对待你，我需要付出时间、精力和耐心。随着时间一分一秒地过去，从你的外在来看，你丝毫没有改变的迹象，于是我开始觉得焦虑和无力，觉得这么做很傻，我开始考虑需要做哪些事情才能改变你。所以，我不再为你保持一个开放的空间，好让你听到自己的内在真我的声音，而是把很多建议一股脑儿地塞给你。我这么做不是为了解决你的问题，而是为了平息我的焦虑，让我回到往常的生活模式。就这样，我摆脱了你，留下你独自面对恼人的问题。我对自己说："我尽力帮忙了。"我觉得自己很高尚，而你觉得没人看到你，没人听到你。

我们怎样才能改变这种根深蒂固的喜欢拯救别人，喜欢帮别人解决问题、提供建议、纠正错误的习惯呢？我们怎样才能学会彼此同在的相处方式？具体来说，就是说出自己的真相，聆听他人的心声，询问真诚的开放式问题，用笑声与静默来抚慰彼此。在信任圈里，这些相处方式都非常重要，所以我会对每种相处方式都单用一章来详细讲述。本章讲述如何讲述和聆听，第8章讲述如何询问真诚的开放式问题，第9章的内容则是笑声与静默具有何种净化和疗愈的力量。

与自己对话

在信任圈里，什么是"表达真实的自己"？当然，这个问题不能从内容方面来回答，因为说话的内容会因说话的人和时间的不同而大不相同。

但是，在信任圈里表达真实的自己，不管内容如何，其形式都是相同的：我们从自己内在中心出发，**向信任圈的中心说话**，也就是在共同空间平和接纳的氛围里说话。在这里，不管你说什么，大家都会专注、尊重地聆听。这种说话方式与我们日常对话有明显的不同。在日常对话中，我们从自己的理智或自我出发，向着他人的理智或自我说话，其目的是影响他人的想法。

日常对话是工具性的，不是表达性的。它不是为了表达真实的自己，而是为了实现一个目标。当我们把话语当作工具时，我们会尽力通过告知、肯定、指责或提出共同目标的方式来影响对方。当我们纯粹出于表达的目的说话时，我们是在表达真实的自己，尊重自己的内在导师，让它知道我们在聆听它的声音。这时候，我们的目的不是教导别人，而是给内在导师一个指导我们的机会。

当然，知道自己是发自内心说话，还是从理智或自我出发说话是件比较难的事情，因为理智或自我坚持认为**它们**是我们生命的中心，**它们**说的是真相！我们需要花时间练习，才能学会逐一分辨内心各种纷繁复杂的声音。要时常听到内在真我的声音，可能需要更多时间的练习。发自内心说话的迹象非常微妙，微妙得像池塘平静的水面一样；如果在我们说话的空间里，没有人在湖面上搅起阵阵涟漪，那我们辨认这个迹象的能力会慢慢增强。

知道自己是否**发自**内心说话很难，但知道自己是否**向**信任圈的中心说话却相对容易，因为比起对他人施加影响，表达自己没有什么压力。当我们抱着一个目标跟他人说话时，我们会努力去影响他人，这会让我们感到焦虑。当我们向信任圈的中心说话时，我们没有需要取得什么结果的压力，这让我们心情平和、充满活力。当我们不带其他目的，只是为了表达真实的自己时，我们会感到一种对自己的肯定，这种感觉会强化我们发自内心说话的意愿。

在信任圈里，如何聆听和如何说话一样重要。当有人发自内心向信任圈的中心说话时，其他人不能像平常那样回应，也就是不能用肯定、反驳或其他试图影响说话人的方式回应。在信任圈里，我们要学会用接纳的心态来聆听别人说话，不管他们说什么，都要尽可能保持接纳的心态。

接纳性聆听是看不见的内在行为。但是在信任圈里，这种行为至少有三种看得见的外在迹象：

- 在上一位说话者说完之后、下一位开始说话之前，大家会短暂地沉默一会儿，反思刚才的所听所想，而不是急着回应。这种做法体现了对刚才说话者的尊重，也让大家有时间吸收刚才听到的话，同时也让讨论的节奏慢下来，让每位想说话的人有机会说话。
- 回应他人的发言时，不是加以评论，而是提出真诚的开放式问题。这些问题的唯一意图是帮助说话者听到他们话语背后的深层意思，这也是我们在下一章将要讨论的主题。
- 尊重他人真实的表达，向信任圈的中心坦诚、开放地表达真实的自己，没有肯定或否定他人的意图。

当人们把话语当作工具，试图去影响对方时，彼此之间几乎是无法做到接纳性倾听的。我们顶多能半心半意地听对方讲话，另一半心思忙着分辨对错，同意哪些观点，不同意哪些观点。这时候，我们是用自己的自我听对方说话。但是，当人们坦诚地表达真实的自己时，我们会打开自己，用内在真我来倾听。我们能全心全意地听对方说话，知道对方在努力坦诚地表达真实的自己，丝毫没有评论我们的意思。

我们的聆听能力增强后，对方会更愿意发言，这是聆听带来的礼物。[2] 随着我们**听别人说话**的心态越来越开放，在信任圈里说话的人相信，自己说的话会被大家听到，而且大家的唯一目的是维护安全的氛围，让大家都能表达真实的自己。在这样的良性氛围下，**大家的发言越来越踊跃和开放。**

投我以桃，报之以李。我们给出聆听的礼物，也会收到回馈：我们学会深入地聆听他人之后，我们也学会了深入地聆听自己。这可能是这种特别的听说方式带给我们的最重要的礼物。

当我们抱着影响他人的目的说话时，我们不敢仔细听自己在说什么，更不用说反思自己刚说过的话了，以免怀疑自己说的话不够合理，对话里隐藏的意思感到尴尬，从而无心说服别人。但是，当我们从对抗性的听和说里解放出来，我们就有可能听到自己在说什么，反思自己刚才说了什么，从而有了被自己的内在导师指导的机会！

当我发自内心向信任圈的中心说话时，周围的人报以接纳性的态度，既不表示肯定，也不表示否定，在信任圈里，每个人，包括我自己，都能完整地听到这些话。在这种状态下，我的内心更有可能产生自我对话，在自我对话中质疑、挑战或肯定自己。这些反思性的自我对话会突然在开会的时候、吃饭的时候或半夜醒来的时候冒出来：

- "我并不是真的相信这个观点，可我之前为什么那么说呢？"
- "我相信我说的是对的，但我真的不确定它到底是什么意思。"

- "我很早就知道对我来说这是真的,但直到现在我才意识到它有多么真实。"
- "我对真实的自己的描述,让我突然看到了真实的自己对我生命的影响,这是我之前看不到的。"

很多人去过那种规定了基本听说规则的场合。例如,在心理治疗小组中,我们要给说话者反馈,以便让他们知道他们的话对我们的情绪有什么影响。在肯定式探询(appreciative inquiry)小组中,说话者说完,我们要复述一下他们的话,看看自己是不是真正理解了他们的意思。在这些场合中,这些规则可以发挥很好的作用,但是在信任圈中,这些规则会破坏真实整全的氛围。

在信任圈中,聆听者受到了什么影响不重要(除非说话者违反了信任圈的规则),有没有理解说话者的本意也不重要,唯一重要的"反馈"是说话者内心的感受,唯一重要的理解是说话者本人的理解。在信任圈中,重中之重是大家一起维护这个空间,让每个人的内在真我都感到足够安全,让我们表达真实的自己,更容易接受其对生命的影响。

在信任圈中的聆听和表达绝不是自恋式的自我关注,也不是徒劳地反复以自我为参照物进行思考。这是我们跟自己的内在真我的对话,而这种对话有可能让我们的生命产生极大的转变。

讲述生命故事

有了真实的表达和接纳性聆听的护佑,内在真我在信任圈里感到非常安全，这时我们能够以一种特别有力的方式来表达真实的自己，这种表达远远比观点、想法和信念更深入——讲述自己的生命故事时，生命的真相会慢慢浮现出来。作家巴里·洛佩兹（Barry Lopez）曾说，真相无法"被简化成格言或公式。它是鲜活的、无法言说的东西。故事创造了一种氛围，在这种氛围中，真相逐渐变得清晰可辨"。[3]

自古以来，讲故事便在人类生活中占据着极其重要的位置。人们借由讲故事来完成一些最重要的事情，如延续传统、承认失败、疗愈伤痛、带来希望、强化团体归属感等。身处要么打扰、要么回避的文化中，我们不能对这种古老的方式不以为然、等闲视之，而是应该营造特别的氛围，佐以严格的基本规则，善用这种很有价值的方式。

讲述自己的生命故事时，我们容易被别人"指导"、利用、忽视，或者不予理会，所以我们学会了满怀戒备地讲述，或干脆闭口不谈。相识多年的邻居和同事，甚至是住在同一个屋檐下的家人，都对彼此的生命过往所知甚少。这种戒备和疏远让我们失去了极其有价值的东西，因为我们对一个人了解得越多，便越难怨恨或伤害这个人。

在这种戒备和疏远的环境中，我们极少讲述自己的生命故事，让自己处于易受伤害的位置上，而是一头扎进抽象中寻求安全，与人交谈时只谈自己的观点、想法和信念。学术文化强化了这种做法，认为演讲越抽象，越有可能触及团结大家的普遍真理。但实际情况却正好相反，话语越抽象，彼此的关系便越疏远。知识分子间的团体意识，可能比愿意分享自己故事的最"原始"人群还要弱一些。

很多年前,我参加了一次聚会。就在这里,我第一次认识到了讲述自己生命故事和团体意识之间的关系。聚会中,有位男士因最好的朋友新近离世而深感悲伤,他向大家讲述了他和朋友之间的一段经历,让在场的人非常感动。我不认识这位男士,也不认识他的朋友,但他们的故事却让我深深地照见了自己,我想起了我的朋友们,想到那些朋友是多么珍贵,想到一定要让他们知道,我有多珍视我们的友谊。

那位男士说完之后,大家沉默了10~15分钟。之后,一位女士开口了,可以说她完全说出了我的心声:"我们相信,向上追求宏大的理念,可以让我们找到普遍真理。但是,只有深深地潜入个人经历的源泉,才能汲取到活水,滋养我们的生命。"

在有些对话小组中,讲述自己的经历和故事这一原则可谓受到了真正的考验,因为参加对话小组的是一些在堕胎或死刑等高度争议性问题上各执己见、吵得不可开交的人。在周末的一场静修会上,他们不可以宣扬、解释和维护他们在这些问题上的立场,但可以讲述是什么样的经历让他们有这样的立场,而且听他人说话的时候也要抱着开放的心态。

在讲述和倾听的过程中,带领者会提醒大家,不同的人从类似的经历中会得出迥然不同的结论。事实证明,比起其他解决冲突的方法,这种方法更容易让这些争吵不休的人们互相理解。在人生旅程中,我们总会遇到一些类似的事情和感受,正是这些事情和感受,而不是我们从这些事情中得出的千差万别的结论,让我们感到息息相通。

在信任圈中，有很多种方式可以唤起人生故事。有时候，人们在讨论某个主题的时候会自然而然地联想起自己的亲身经历。有时候，带领者会引导大家讲述某个方面的故事："给我们讲一件曾让你产生强烈的集体意识的事情。"有时候，带领者用"案例研究"的方式，让大家依照某个格式讲讲自己的某些经历，仔细审视一下自己在莫比乌斯带上的某段旅程。

例如，带领者会邀请教师们分享一下他们教学生涯中的美好一刻和糟糕一刻，也就是知道自己"具有教学天赋"的一刻和"希望自己立刻消失"的一刻，帮助他们更加清晰地看到，在日常生活中内在真我和社会角色如何融为一体，又如何分离开来。[4]

在信任圈里借助第三事物进行集体讨论也会唤起人生故事。我们在第 6 章中看到，比起单纯讨论我们的经历，把自身经历和《梓庆削木》这样的故事或《现在我成了自己》这样的诗歌结合起来讨论，可以让我们得到更深刻的感悟。这些经典的"大故事"照亮了我们生活中的"小故事"，让我们看到在别处不曾看到的意义。

我们在信任圈里讲述自己的故事时，信任圈的基本规则禁止其他人帮助我们"解决"其中的问题。虽然如此，讲述本身却会指向非常有用的"解决方法"，不仅仅是讲述的人，聆听的人也往往会为困扰自己已久的问题找到答案。

尤其是，当我讲述令我惭愧或痛苦的事情时，仅仅知道我讲述时他人不会因此唾弃我，我就有可能发现我需要的答案。当我意识到周围的人毫不评判地接纳我的自我剖析时，我发现自己冲破了防卫的禁锢，可以自由地深入分析问题的根源，而由此产生的自我认知，可能就包含我正在寻找的答案。

在聆听他人讲述时，我会发现我也有类似的困扰。当我听到类似的问题从他人口中讲出来时，我会突然对自己的困境产生新的认识。有时候，当我听到他人斟酌此种解决方法是否可行时，我的内在导师会被唤醒。即使他人的讲述没有让我产生新的认识，没有唤醒我的内在导师，仅仅知道他人有跟我类似的问题，也能让我觉得自己不疯狂、不孤单，就凭这一点安慰，我就可能对自我的认知又深入几分。

不是说非得把故事讲得像一个有明确答案的谜题，或者一则有寓意的寓言，才具有帮我们解决问题的作用。不带任何目的、只是为了表达真实自我的讲述，对我们的洞见、疗愈和维持活力十分有利。

什么是真相

内在真我想要真相，不想要琐碎的细枝末节。如果我们共有的空间想欢迎内在真我出现，那么在这个空间中我们必须真实相待。能否营造和维护好这样一个空间，取决于我们如何理解真相，以及真相在我们之间如何出现，正是这两点造就了信任圈的基础。

有些人认为，人生最深刻的问题有绝对的答案，这些人不会赞成我们对真相的理解；还有一些人认为，知道答案的人有责任去教化普罗大众，这些人也会反对我们对真相的看法。信任圈的基本规则，尤其是那条"不解决，不拯救，不建议，不纠正"的规则明确表明，这里不欢迎傲慢的绝对主义。

同样，这里也不欢迎盲目的相对主义。实际上，在信任圈里遵守规则可以让我们远离一个愚蠢而危险的想法——"你有你的真相，我有我的真相，我们互不干涉"。如果我相信这个观点，那我根本不会费心费力创建"社群"，制定讲述和聆听的规则，让讲述和聆听有可能改变我们对真相的理解。

我们对真相可以有不同的理解，但我们**不能**对这种不同视而不见。不管我们知道与否、喜欢与否、承认与否，我们都在一个复杂的因果网络中互相关联。我对真相的理解会影响你的生活，你对真相的理解也会影响我的生活，所以我们之间的差异对我们双方来说都非常重要。信任圈尊重我们的差异，也尊重我们的联结。

我对真相的工作定义很简单，但实践起来却一点也不简单："真相是一场永恒的对话，在这场对话中，我们带着激情、辅以自律来探究重要的事情。"[5] 在对话的结论中是找不到真相的，因为结论会不断变化。因此，如果我们想"活在真相中"，那么仅仅活在当下的结论中是不够的。我们必须找到一种方法，让自己活在持续的对话中，包括面对对话中的各种冲突和复杂情况，同时与我们的内在导师保持密切联系。

在信任圈中，我们通过持续地对话栖居在真相中。信任圈不会忽视分歧，但也不会用战斗的姿态来面对分歧，而是明确各种分歧，用尊重的态度来面对它们。当我们诉说真相、聆听其他成员不同的真相时，既不会彼此忽视，也不会陷入言语冲突，从而在对话中发现新的、更大的真相，让我们知道原来我们有这么多共同之处。

这个更大的真相是如何出现的，我们又是如何促成了它的出现？在促成这个更大的真相过程中，信任圈的所有成员都以每个人不同的洞见为丝线，共同编织了一幅真相的织锦。这幅织锦里面含有纷杂繁复的体验和诠释，想要编织美丽的织锦，必须以信任圈强大的原则和做法为织布机，才能在这些丝线之间保持创造性的张力。

人们通常认为，只有在辩论中相互对抗和纠正，最后才能达成共识。但根据我的经验，争辩正酣时，我们很少改变主意达成相互理解。相反，由于害怕输掉战斗，我们会和对方离心离德，与自己的内在导师也疏远分离。我们把全部精力都耗费在如何获胜上，已经没有精力去反思和转变。

在冲突中，有些人会退出战斗，把自己封锁在内心深处，让冲突无法触及自己。有些人会留在战场上，更加坚定地坚持自己先前的信念，像挥舞用得趁手的武器一样来抵御敌人的攻击。在智力或精神的战斗中，我们很少表达试探性的想法，因为这样做不无风险，这些想法有可能会带来新的见解，但也会让我们容易受到攻击。面对"敌人"，我们会更加执着于我们一直相信的东西，很少接受挑战，虽然这个挑战有可能让我们产生新的认识。

但是，在信任圈里——它的基本规则是不能相互对抗和纠正——发生了一件非常了不起的事情：我们与自己对抗，我们纠正自己！更确切地说，是我们的内在导师纠正我们。在这样的圈子里，我们感到足够安全，愿意提出试探性的、可能会引来攻击的见解。经过一段时间后，我们或许能做到安静地觉察自己和他人的思绪，看到我们的见解与更大的群体模式之间的关系，并且决定自己在多大程度上接受群体模式。

在信任圈中,真相的织锦不断在我们眼前编织。在织锦成纹的过程中,我看到有人,也许是我,在某个地方织进去一条让织锦熠熠生辉的丝线;有人,也许是我,在有些地方织进去一条现在看来不太和谐的丝线。慢慢地,我对真与假、对与错的认识发生了有机的演化,在信任圈这台织布机上织出了一匹生命之布。我们参与这场"永恒的对话"时,我们内心、我们每个人之间,以及我们周围的真相都在逐步变化和发展。

A HIDDEN WHOLENESS

| 第8章 |

带着问题生活
探索真相

> 对于心中未解的问题,要有耐心,试着去爱这些问题……在当下带着问题生活。假以时日,你也许会在不知不觉中,慢慢活出答案。
>
> ——莱内·马利亚·里尔克[1]

恐惧后面的真相

想要营造一个对内在真我友好的空间,我们必须向信任圈的中心表达真实的自己,用接纳的心态聆听他人说话,用对内在真我友好的方式回应他人。最后一点,在日常生活中是比较少见的。

如若不信,你可以听听在日常对话中,我们多么频繁地用同意和不同意来表达自己的看法,甚至干脆改变话题!我们并不是想对内在真我不友好,但事实上却经常如此。我们打断别人说话,发表自己的意见,坚持自己的时间安排,就这样,我们放大了自己的自我,而说话者的内在导师却不得不退避三舍。

在信任圈里,我们会学习另一种回应方式,这种方式的核心是真诚的开放式问题，这些问题会促使说话者更为深刻、真实地表达自己。如果你不觉得这种回应方式罕见，你在接下来的几天里可以数一数，别人问过你几个真诚的开放式问题。在主流文化中，人们很少问这样的问题，但这些问题对信任圈来说至关重要。在安全的空间里，这样的问题会促使我们的内在导师更加深入地探索问题，也让说话者有机会听到自己的声音，不受我们把自己的偏好强加给对方的干扰。

几年前，我意识到我需要再一次与自己的内在导师对话。我年逾六旬，对未来感到焦虑，但具体为什么焦虑，我说不上来。为此，我请了几位朋友，帮我探寻焦虑背后的原因。

我请来的朋友都是富有经验和智慧的人，但我不需要他们的观点或建议，我需要的是真诚的开放式问题，以便我触摸到恐惧后面的真相。在18个月里，我们会面了三次，每次2个小时。他们遵循本书中列出的基本规则，问了我一些真诚的开放式问题，为我创建了一个安全的空间。在这里，我发现了我焦虑的根源。

带着几分不情愿，我慢慢发现引起我恐惧的是我的年龄、职业和生存之间即将发生的冲突。我从40多岁起开始独立工作，收入少部分靠写作，大部分靠在各地演讲和带领工作坊。步入60岁以后，想到以后的舟车劳顿，想到以后还要没完没了地在机场、旅馆、餐馆、满是陌生人的观众席之间辗转，我开始担心我的精力无法再支撑这样的工作模式。但是，如果放弃这些工作，我又担心收入减少。

直到第三次信任圈会面，我才从精力和收入的两难境地中走出来。这次，我谈了谈我对变老和恐惧的想法，有人问我："在变老这件事上,你最害怕什么?"这不是第一次有人问我这个问题,我也问过自己很多次。但是这一次,我超越了自我或理智,从一个更深的层次回答问题,用的语言也是我之前未曾用过甚至未曾想过的。我说:"我害怕等我70多岁后,我的书下架了,观众也不再为我鼓掌了,我就不知道我是谁了。"

听到这些话,我知道这是我的内在真我在说话。我也知道,我必须就此做出行动。这不仅关系到我的身体健康和经济状况,还关系到我的自我认同和精神健康状况。在这之后我做了一个退休计划,这个计划能让我发现除了写作和演讲之外,我的"内在"还有什么才能,并且趁着尚有时间和精力行动起来,努力学习新东西。

学会提问

这个决定伴随着很多风险,所以,如果没有这些人向我提出真诚的开放式问题,为我营造一个安全的空间,邀请我的内在真我说话,让我得以听到内在真我的声音,我是不可能做出这个决定的。

这样提问看起来很简单,但是很多人,包括我自己,在提问的时候都会遇到困难,因为这些问题很容易变成伪装的建议。"有没有想过去看心理医生?"就不是一个真诚的开放式问题!这样的问题满足的是我的需要,而不是你的需要,它迫使你接受我对你的问题的看法以及解决方法,丝毫不会帮你找到问题背后的真相。很多人都需要帮助,才能学会如何提问,让害羞的内在真我出来说话，不合适的问题只会让它躲藏起来、闭口不言。

真诚的开放式问题有什么特点？当我问你真诚的问题时，我无法对自己说："我知道这个问题的正确答案，我当然希望你会把正确答案告诉我。"我问你要不要去看心理医生，正是因为我抱着这样的想法。不真诚的问题会冒犯你的内在真我，因为我傲慢地认为我知道你需要什么，因为我把建议伪装成问题，这是对你的欺骗。

当我问你真诚的问题时，例如"你以前有没有经历过类似的困境？"或者"你之前的经历和经验现在对你有没有帮助？"，我是无从想象这些问题会有什么"正确答案"的。面对这样的问题，你的内在真我会乐于表达真实的自己，因为这些问题后面没有什么隐藏的意图或安排。

开放式问题会拓宽而不是限制你的探索范围，它不会把你的思路推向某种具体的情形。"对你刚才讲的这段经历，你有什么感受？"是开放式问题，而"你为什么看起来这么难过？"就不是开放式问题。

我们都知道开放式问题和封闭式问题的不同，但我们经常倾向于问别人封闭式问题。例如，我问"你感受如何？"，这是一个开放式问题，你回答的时候，我看你没提及生气的感受，我开始想："要是我的话，我肯定会很生气……"接着我又想："你肯定在压抑自己的情绪，这可不好……"于是我开口问你："你有没有觉得气愤？"而做这一切的时候，我几乎意识不到自己在做什么。

这个问题可能看起来开放，因为你可以任意回答，但是，这个问题背后有我的暗示，暗示你**应该**有什么感受，所以，它可能会把你的内在真我吓跑。换作是我，我肯定会生气，但这并不意味着你在压抑情绪；虽然我觉得很难相信，但不是所有人的内在感受都跟我一样！如果你真的在压抑愤怒，我这样提问可能会让你压抑得更厉害，因为你会不由自主地抗拒我的自以为是。如果你生气，你可以按照自己的安排而不是我的安排来处理情绪。而处理情绪的第一步是你自己明确说出这种情绪，而不是我说你有并让你接受。

提问真诚的开放式问题时，一条很好的指导原则是"不要提前使用说话者会用到的字眼"。通过密切观察说话者使用的字词，我们可以提出相关问题，促使说话者深入探究他们可能已经知道但还没有明确说出的一些情绪或感受。如果我问你："你刚才说自己觉得很'受挫'是什么意思？"如果你有其他感受，也准备好了说出这些感受，那么这个问题会帮助你把这些感受明确地表达出来。

但是，如果我怀有期待，想让你"说出那个神奇的词"，比如"生气"，那么这样的开放式问题还是会让你关上心门！内在真我是高度灵敏的探测器，对于所有操纵的企图，它都会灵敏地探测到并迅速逃离。

在我努力学习如何提问的过程中，我发现有一些指导原则是有帮助的。但是，要想确保你提出的问题对内在真我友好，最好的方法是提问的时候抱着真诚和开放的精神。而培养这些精神的最好方法，是时常提醒自己，每个人都有一个内在导师，这位内在导师知道的比我多得多。

据我所知，在观察内在导师如何工作，以及学习如何提问真诚的开放式问题方面，最好的方法是成立"澄心委员会"（clearness committee），这已经成为很多信任圈的标准做法。

澄心委员会不仅仅是我们学习如何真诚地提问开放式问题的地方，它还是信任圈的缩影。在这里，我们可以深切体会到几个人如何一起支持某个人的内在之旅。信任圈里有定期的澄心委员会活动后，信任圈里的所有其他活动也有了深度。鉴于其重要性，接下来我会详细解释澄心委员会的流程。

澄清思绪

首先，"当事人"，也就是在生活或工作中遇到难题的人，邀请4～6个人参加他的澄心委员会。

"4～6个人"不是一个随便的建议，除了当事人之外，澄心委员会在不少于4个人、不多于6个人的情况下效果最好。不用说，他们都应该是当事人信任的人，也尽可能要有不同的背景、经历和观点。[2]

通常情况下，当事人要提前写一份两三页的问题描述，在开始前交给澄心委员会成员。如果当事人觉得写东西困难，可以上交一份录音，或者把要点写下来，正式活动的时候根据这些要点讲一下自己的问题。

作为"澄心"的第一步，很多人发现把问题分为三个部分来描述比较有帮助：

- 尽可能找出问题所在。有时候问题很清楚（"我要从两份工作中选一份"），有时候问题模糊不清（"我生命中有些东西失去了平衡，但我不是很确定那是什么"）。既然当事人召集澄心委员会的目的是"澄心"，那么他们的问题有可能模糊不清。实际上也经常如此。有时候，即使当事人觉得问题很清楚，但到了最后，我们经常发现真正的问题其实另有所在！

- 提供与问题直接相关的背景信息。适当提供一些个人信息有助于推动澄心委员会的工作。例如，你打算换工作，并且在过去10年里换了5次工作，那么把这个信息提前告诉澄心委员会成员应该有帮助。
- 说出与问题走向相关的所有线索。在这一部分，当事人说出他对当前问题的预感，例如，倾向于选择两份工作中的一份，或者对未来模糊的前景感到焦虑等。

正式开始之前，澄心委员会成员和当事人要一起重温一下规则。每个人都理解规则以及规则背后的原则是非常重要的事情。除此之外，澄心委员会成员要承诺为当事人的内在真我守护安全的空间，并认真对待由此产生的责任。在本章接下来的部分中，我会一一解释会议的规则。

澄心委员会成员应该有一份打印好的时间表（见表8-1），帮助他们遵守规则和既定的时间安排。即使我们觉得会议过程缓慢，或者当事人的问题好像已经解决了，但按照时间表举行会议往往会带来意想不到的领悟。因此，两小时的总时间和每一部分的时间都不可更改。

表8-1 时间表

时间	内容
7:00	把椅子围成圆圈,静默而坐。当事人准备好以后,即可开口发言
7:00 ~ 7:15	当事人讲述自己的问题,其他人倾听,不要打断
7:15 ~ 8:45	只能提问!在这一个半小时内,澄心委员会成员只能问简短、真诚的开放式问题,不能跟当事人说其他的话
8:45 ~ 8:55	当事人希望其他人继续只能提问,还是除了提问,再加上"镜映"⊖环节?如果是后者,澄心委员会成员则会不加诠释地"镜映"当事人说过的话或表现出的肢体语言
8:55 ~ 9:00	对当事人、澄心委员会成员、今晚的经历表达肯定与赞美
9:00	结束——记住要遵守双重保密的规则

活动一开始是数分钟的静默,若当事人准备好了,即可开始阐述问题。即使当事人之前已经通过书面或录音的方式告诉了澄心委员会问题,这种面对面的口头阐述还是会体现出一些细微的差异。阐述时间要控制在 15 分钟之内,在这段时间里,澄心委员会成员不可以说话,有听不懂的地方也不要问。

在当事人阐述完问题之后,要向澄心委员会成员说明现在可以开始提问了。在接下来的 90 分钟内,澄心委员会成员遵循一条简单但严格的规则:他们只可以向当事人问简短、真诚的开放式问题。

问题应该简短、中肯,尽可用一句话说完。如果我这样提问:"你提到××,这让我想到××,所以我想问你××……"那我

⊖ 原文为 mirror back。

往往是在试图推动你用我的方式看问题。开门见山、不带解释地提出简短的问题，可以避免出现看似提问实则提供建议的情况。

提问的节奏应该和缓，在提问、回答、再提问之间应该有短暂的静默时间。澄心委员会不是一场盘根问底的追问活动，舒缓放松的节奏有助于害羞的内在真我感到安全。如果我问了当事人一个问题，他回答完毕后，我又接着问第二个，这是可以的。如果我不给其他成员机会，接着又想问第三个问题，那我可能需要深吸一口气，提醒自己房间里还有其他人。

我不应该仅仅为了满足自己的好奇心而提问。我的初心，应该是不带任何私欲，尽我可能地支持当事人的内在之旅。作为澄心委员会成员，我来这里不是为了满足我的需要，而是为了全然地与当事人同在，帮助当事人全然地与他的内在真我同在。

通常来说，与人有关的问题，而不是与问题有关的问题，对当事人的帮助最大，因为澄心委员会的重点不是为了解决问题，而是为了帮助当事人找到真正的自己。我记得有一次，一位 CEO 为公司里一个复杂麻烦的种族歧视问题犯难，因此召集了一次澄心委员会。她发现有人问这个问题的时候对她的帮助最大："之前处理的冲突有没有让你对自己有更深入的认识？这样的经历现在对你有帮助吗？"而有人问她另一个问题的时候对她的帮助最小："你们公司有没有好律师？"

如果当事人觉得问题不真诚、不开放，他有权利说"不"，并请提问的人注意规则及其背后的原则。但是，如果当事人说我的问题不合适，我**没有**权利解释或维护自己，比如说："是你说 ×× 的时候我想到这个问题的，我想到 ××，我真正的意思是 ××。"

这样的"解释"也是在试图让当事人用我的方式看问题。如果当事人质疑我的问题，我只有一个选择：不再说话，接受批评，重新融入活动，提供真正的支持。提供任何形式的解释和维护，都是把我的需要和利益放在当事人的需要和利益前面，会把他的内在真我吓跑。

一般来说，有人提问题后，当事人会回答。回答问题能帮助当事人听到内在导师的声音。但是，当事人有权利不回答问题，而且无须解释，澄心委员会成员之后也应该避免问类似的问题。不回答问题并不意味着当事人在抑制内在导师发声：无法在别人面前回答某个问题这件事本身，会让当事人领悟到很重要的东西。

唯有愚弄自己而已

问真诚的开放式问题是澄心委员会的核心规则。除此之外，还有其他规则来指引澄心委员会的工作，这些都是为了支持当事人的内在之旅。

如果当事人哭泣，澄心委员会成员不可以随意"安抚"他，比如递纸巾、把手放在当事人肩膀上、说一些安慰的话。在常规情况下，这样的举动能表达同情，但在澄心委员会的活动中，这样的举动会造成干扰。

如果我安慰当事人，我就把他的注意力转移到了我这里，而原本眼泪是有可能传递给他一些信息的。他现在关注的是我，不是他的内在导师，他忙着感谢我的好意："谢谢你这么关心我，请不要为我担心，我一会儿就好了……"我让他参与到与我的个人对话中，让他偏离了自己内在之旅的路线。我必须记住，在这两个小时内，我只有一个责任：帮助当事人全心全意地倾听真我的声音。

同样，如果当事人讲了一个好玩的笑话，我不能跟着放声大笑，当然轻轻地笑一笑没问题。我重申一下，我们通常认为的支持行为，在这个特定环境中会变成干扰行为，转移当事人的注意力。当我跟着当事人一起大笑时，不但把他的注意力转移到我身上——"看，我也很幽默！"——而且妨碍当事人问自己一个犀利的问题："我是不是把幽默当成了工具，用来掩盖我听到这个问题时的痛苦？"

澄心委员会最难的规则之一是眼神接触。我们的文化一般认为，谈话的时候要看着对方的眼睛，否则是不礼貌的。但是，下次遇到几个人一起谈话时，请仔细观察一下大家的肢体语言。当有人说话时，其他人会点头微笑、仰起头、皱眉，向说话者源源不断地传递很多非语言信号，告诉说话者他们有没有听懂，赞同或不赞同。

这些信号意在帮助说话者，如果说话者的目的是说服对方，或者增进感情，这些信号确实能帮说话者。但是，非语言信号通常会推动说话者改变方向，走向一条部分由听者选择的道路，而不是完全由说话者的内在导师选择的道路。我们从他人那里接收到这些信号后，往往会改变我们想说的话，以实现我们的目的。

在澄心委员会的活动里，当事人的目的是与真我沟通，而不是与其他人沟通。在这里，非语言信号不仅无关紧要，还很容易把当事人引向错误的道路。澄心委员会成员的想法和感受都不重要，唯一重要的回应是从当事人内心流出的一切。

因此，澄心委员会成员会尽量避免非语言反应，并尽可能以接纳的心态和中立的态度来聆听当事人说话。因为大多数成员很难达到这种状态，所以我们会鼓励当事人在回答问题时，甚至在整整两小时内，不要跟其他成员有眼神接触。当事人可以闭着眼睛说话，或者低头看着地板，避免看到其他成员可能发出的非语言信号。

起初，当事人可能发现很难避免眼神接触，就像其他成员发现很难避免非语言反应一样。但经过一段时间后，大家发现这种做法对每个人来说都是一种解放。这种做法让当事人可以真实地诉说，其他成员可以以接纳的态度倾听，让大家深深地沉浸在一个尊重和欢迎内在真我的氛围里。

30年来，每当我需要做重要的决定时，我都会求助于澄心委员会。每当我听到人们向我提出真诚的开放式问题，以及我听到内在导师的回应时，我都会浮起这样的思绪：在这个空间里，我不需要说服任何人任何事情，所以除了我自己，没有谁可以愚弄。在当下，唯一有意义的事情是尽可能清晰地说出自己的真相。这个简单的领悟让我能听到并遵循内心的需求，而这也改变了我人生的轨迹。

值得祝贺的事情

一个半小时的提问和回答后，澄心委员会活动进入最后15分钟。在这个环节中，有人会问当事人，他是希望其他成员除了提问题，还"镜映"他们听到的内容，还是免去"镜映"，继续使用上一环节只问问题的规则。

我做当事人的时候，每次都答应其他成员采用"镜映"方法，因为在最后这个环节，我经常会从"镜映"中得到新的领悟。不过，由于"镜映"方法摆脱了只问问题的规则，我们有可能偏离轨道，开始试图"解决、拯救、建议、纠正"。因此，"镜映"方法有一些保护原则，明确规定了哪些可以做、哪些不可以做："镜映"只能采取下面三种形式。

第一种形式是对当事人说："有人问你这个问题的时候，你是这样说的……"其他成员说这句话的时候，只能直接引用当事人的原话，不能转述。很明显，如果我"镜映"那个问题和回答，我肯定认为这组问题和回答里面有当事人应该看到的东西，但是我不可以说出具体是什么，以免我开始提出建议。当事人可以回应我的"镜映"，也可以不回应：重要的不是我从当事人的话语中发现了什么，而是我把当事人的话语"镜映"出来后，当事人从他的话语中发现了什么。

第二种形式是引用当事人对两三个不同问题的回答，让当事人看看这几个回答之间的关联。这种"把几个点连接起来"的方式，其实是在暗示这几个回答中存在一个模式。这种方式存在一定的危险，因为它接近于分析问题，甚至接近于提出一个"解决方案"。但与第一种形式相同，我不可以描述我发现的模式，甚至连暗示一下也不可以。同样，对于这种形式的"镜映"，当事人怎么回应都可以，包括不做回应。

第三种形式是描述当事人的肢体语言。我可能会对当事人说：

"有人问你保险公司的工作机会时,你软塌塌地坐在椅子上,说话声音小,语气单调。有人问你国家公园管理处的工作机会时,你坐得笔直,说话声音大了起来,语调也有了抑扬顿挫的变化。"

至关重要的一点是,我要描述当事人的肢体语言,而不是诠释他的肢体语言。"你软塌塌地坐在椅子上,说话声音小,语气单调"是一种描述,"看起来你说话时没有热情,甚至可以说很沮丧"则是诠释。面对描述,当事人可以看到镜子里的自己,自己从中得出结论;面对诠释,当事人的内心可能会抗拒,不接受这个判断。况且,我的判断可能是错误的。我眼中的"沮丧"可能是当事人陷入沉思的表现。

我们往往意识不到自己的肢体语言。因此,尽管第三种形式存在偏离轨道的风险,但对努力倾听内在导师声音的当事人来说,其他成员"镜映"他的肢体语言,无异于送给他一份非常好的礼物。

当2个小时的活动进行到最后5分钟时,一个成员会说:"现在到了肯定和祝贺的时间了。"我参加过很多次澄心委员会,从未觉得这最后5分钟有什么虚假或强迫的成分。随着活动接近尾声,我每次都会意识到,我刚刚亲眼见证了内在真我的真实和内在真我的力量,这是多么了不起和珍贵的东西;我刚刚目睹了一个人从他的内在导师那里领悟到了重要的洞见,而这些洞见往往是意想不到的收获。在我们寻常生活的世界里,内在真我往往受到压制;在澄心委员会的活动中,我们有机会迎接和尊重内在真我,看到内在真我如何为当事人提供指引,这显然是一件值得祝贺的事情。

在澄心委员会的活动中,内在真我所经历的一切是安静的、微妙的，几乎不可能用语言表达。但是，一个成员的一番话证明了活动可以将有形的形式赋予最无形的情感——

> 多年来，我在很多不同的层面上问过自己："我如何去爱＿＿＿＿？"空白的地方可以填上很多词——我的妻子、我的孩子、我的父母、我的学生、世界上的其他人……多年来，对这个问题我一直思索无果，它成了我最难回答的问题。
> 最近我参加了一个信任圈，让我对这个问题有了新的认识。信任圈的活动之一是参加澄心委员会活动。在这次活动中，我学到了一种最为严格的新的倾听方式，一种不被自己的反感和判断所束缚的倾听方式：我学会了抱着开放的心态倾听他人的内在真我，倾听那些真实而难以形容的东西。
> 在领悟的那一刻，我看到了这正是我可以把爱付诸实践的方式——无私地倾听，全然地关注他人。我可以随时随地这样做。我可以用全然倾听的方式来给予爱。突然间，那个最飘忽不定、最难以实现的想法就这样悄然落地，让我多年思索未果的难题有了笃定的答案。[3]

一鸟在手

每个人身上都带着传统习俗和文化的深刻烙印。因此，我们是带着一股不由自主的力量来到澄心委员会的，这种力量试图将我们的关系拉回到"解决、拯救、建议、纠正"的老套路上。

为了帮助人们抵制这股力量，澄心委员会要求成员们尊重一些具体到有点儿可笑的规则，例如当事人哭了，其他人不能给他递纸巾；当事人讲了笑话，其他人不能笑；说话和倾听的时候不能带感情色彩；允许当事人在整整两个小时内不与其他人进行眼神交流。

我跟成员们讲授这些基本规则的时候，经常听到有人说，"微观管理"到了这种级别，他们感到发怵。我承认，听到这种感受，我的回答是："很好！"既然承诺要做一个值得当事人的内在真我信任的人，我们就要感受到这份承诺的分量，把这件事情做好。讲授规则的人需要设立很高的活动行为标准，高到随便违反规则的人会感到尴尬，从而最大限度地降低当事人心灵受到伤害的概率。

不过，提高行为标准后，我们就有可能把澄心委员会活动变成一个由"法律"条文，而不是由"法律"精神所主导的活动。要让这个空间对内在真我来说是安全的，除了有一些欢迎内在真我的规则，我们还要有欢迎内在真我的精神，二者同等重要。

因此，除了讲授规则外，我还给成员们描绘了两个清晰而简单的图景，以此来说明这些规则背后的精神。在讲授本章提出的规则之前，我会给成员们描绘第一个图景：作为澄心委员会成员，我们的目的是营造和维护一个空间，这个空间里只有一个人，那就是当事人。在两小时里，我们要表现得好像我们存在的唯一理由就是为当事人保护一个安全的空间，给他全然的关注，守护这个空间的边界，排除一切有可能分散当事人注意力的东西。

设立这些规则，是为了防止我们进入当事人的空间，防止我们说出吸引他人注意力的话，或者做出类似的动作。因此我们规定：当事人反对我们提出的问题时，我们不能解释；当事人哭了，我们不能安慰；不可以诠释当事人的肢体语言。这样的行为会让我们的需求和想法取代当事人的内在真我，成为那个空间的焦点。

"营造和维护这个空间，当事人是这个空间里唯一值得关注的对象"——这一图景可以解答所有在澄心委员会活动中的某个行为是否恰当的问题。当事人说话的时候我应该做笔记吗？如果做笔记让我分心，无法把全部注意力放在当事人身上，那答案就是否定的；如果做笔记能帮助我集中注意力，那答案就是肯定的。如果当事人或其他成员需要上厕所怎么办？当事人可以简单解释两句，离开，其他成员保持静默，等待当事人回来；其他成员可以不做解释，安静地离开，回来的时候尽量安静，在这期间活动继续进行。

除此之外，还有一条规则可以帮助我们为当事人维护安全的空间，即"双重保密"规则。这一规则的第一部分是，澄心委员会活动结束后，成员不可以向任何人透露其中的内容。在活动期间做了笔记的人，必须在离开之前把笔记交给当事人。这样做不仅是替当事人保密，还给当事人留下了一份了不起的礼物，因为这些笔记详细地记录了当事人的内在真我在感到足够安全时说出的真相。

双重保密规则的第二部分和第一部分同样重要：不管是活动结束一天后，还是一周后，甚至一年后，澄心委员会成员都不可以跟当事人说："还记得你说过这样的话吗？我有个想法，想跟你说一下。"当事人可以找澄心委员会的某个成员继续探讨他的问题。但是，如果我们主动向当事人反馈我们的想法，或者提出我们的建议，那么我们会破坏他心灵的独处状态。当事人经常说，在澄心委员会所有的规则当中，双重保密是最能带来安全感的一条规则，有了这条规则，他可以在这个空间里自由地说出自己的真相。

讲完这些规则后，我会在活动正式开始之前给成员们描绘第二个图景。很多人发现这个图景很有帮助：在接下来的两小时内，我们要用双手呵护当事人的内在真我，就像我们用双手捧着一只小鸟一样。

当我们这样做时，我们可能会遇到三种诱惑。我们要抵制这三种诱惑，这是非常重要的事情：

- 过了一会儿，我们的双手可能会慢慢合拢起来，控制住手里的小鸟，看看它为什么是这个样子的。一定要抵制住这种诱惑，我们的任务不是分析，而是以开放和信任的态度呵护它。
- 随着时间的推移，我们的手臂可能渐感疲惫，我们可能会觉察到自己想把小鸟放下，我们的注意力在减退，思绪在游离，我们不再把当事人放在我们意识的中心。同样地，我们也必须抵制这种诱惑。一只小鸟很轻，而一个人的内在真我更轻。如果我们明白我们没有义务"解决、拯救、建议、纠正"，我们的负担就会消失，我们可以呵护这个内在真我整整两小时而不感到疲倦。
- 当活动接近尾声时，我们带着最大的善意呵护了小鸟近两小时以后，我们可能会发现我们的双手在做一个微妙但持续向上的动作，鼓励小鸟飞翔："你没看到你在这里学到了什么吗？难道你还没准备好起飞，根据所知道的采取行动吗？"我们也要抵制住这种诱惑。小鸟在准备好的时候会起飞，而我们不可能知道它什么时候准备好。

澄心委员会的成功与否，并不取决于当事人是否"解决"了问题并准备采取行动。我们都知道，生命的进程不会如此理想化。澄心委员会的成功与否，只在于我们是否张开双手，像呵护小鸟那样把当事人的内在真我安全地呵护了两小时。如果我们做到了，当事人总是会从他的内在导师那里收到新的见解，而且往往能收到一两个启发。

澄心委员会活动结束后，我们也无须停止呵护当事人。澄心委员会解散时，我脑海中经常浮现出这样的图景：我把张开的双手放进我敞开的心里，在那里我可以继续用我的思想、我的关心和我的祈祷来呵护当事人。

在过去的 30 年里，我向数千人传授了这种"一起独处"的方法。每次活动结束，我都会问成员们："一群有爱有能力的成年人全然地关注你整整两小时，他们在这两小时内全身心地营造和维护一个你可以听到自己的内在真我说话的空间。你们上次有这种经历是什么时候？"除了极少数情况，我只听到过一个答案："在我的一生中，我从未有过这样的经历。"

世界上有很多在一起的好方式。假如我们所有的互动都要遵循澄心委员会的规则，那生活也会变得相当可怕。不过，既然我们拿出这么多时间来到一个彼此近在咫尺的场合，却很少为彼此的内在之旅提供这种支持，那该是一件多么令人遗憾的事情。

但这一切永远不会太晚。弗吉尼亚·肖里是一位很有才华的高中老师，也是一个很了不起的人，她在人生最后几个月里寻求并得到了这种支持。她参加了一个为期两年的信任圈，没过多久便得知自己罹患无法治愈的癌症，几个月后，她在信任圈尚未解散的时候离开了人世。

信任圈里的人是她这段人生旅途的同伴。应弗吉尼亚的要求，我们召集了四次澄心委员会，她在活动中展现出来的巨大勇气深深地鼓舞着信任圈里的每个人。弗吉尼亚把参加澄心委员会的经历写在了日记里：[4]

> （澄心委员会的）每个人都问了我非常真诚和富有同理心的问题。我向他们敞开心扉，诉说我的恐惧，还有那些我无法描述的情绪。我坦诚地说出我的计划、我尚未完成的目标和梦想、我对生命即将结束的恐惧，还有我对家人的忧虑。我告诉他们，我远未走到学习和给予之路的终点。我想写一本书，但现在我的世界已经摇摇欲坠。澄心委员会成员没有安慰我，也没有纠正我，这让我觉得跟他们在一起很安全。我在他们的陪伴中找到了力量。几次（活动）之后，我开始理解我的疾病，甚至把它当作一份礼物。澄心委员会的这些人是我走出困境的盟友。

弗吉尼亚去世前不久，给我写了一封信。她在信中向澄心委员会成员表示感谢，也向整个信任圈表示感谢。用她的信来结束这一章最合适不过了：

我提笔给您写信，是想表达我内心对信任圈的深深感激。信任圈给我的生活带来了如此多的祝福，也给我的教学工作以及我的个人生活和家庭生活带来了各种启发。首先，信任圈给了我真正的勇气，让我尊重自己、敬重自己，并由此走上一条真正认识自我的道路。在我得知自己被诊断为癌症晚期之后，信任圈帮助我理解了人生的悖论，让我知道我是多么富足……

在信任圈里，我学会了超越感官，在静默和冥想中用另一双眼睛去看精神世界。我从未像现在这样欣赏大自然，欣赏季节的变换和周期的流转。我认识到，别人值得我尊重，我也值得别人尊重。

最重要的是，我认识到我们同属于一个更大的群体，这个认识极大地改变了我的信仰体系。在信任圈里，我学会了战胜恐惧，知道了我是多么富足。我完全理解了生与死的勇气，认识到了解真我是一件多么精彩的事情！

A HIDDEN WHOLENESS

| 第9章 |

笑声与静默
一对并不奇怪的搭档

> 你说的话必须比你的沉默更有价值，
> 否则就不要说话。
>
> ——格言[1]
>
> 不管什么事情，都不必排斥笑声，因为笑声让一切都更有价值。
>
> ——詹姆斯·瑟伯[2]

从畏惧到绝望

我发现，用文字来描述在信任圈里讲述、倾听和回应是怎么回事是一个非常困难的任务。我希望前面几章说清楚了这些做法的性质，这些做法如何让害羞的内在真我愿意走出来，如何扶持着大家一起走在通向整全生活的旅程上。不过我承认，我在写这几章的时候，心里一直在想："你真的得在那里才能明白是怎么回事。"

现在，当我提笔开始写笑声与静默在信任圈中的作用时，畏惧已经不足以描述我的心情，说绝望还差不多！静默是无言的，怎么写静默呢？如何描写那种在恰当的时刻脱口说出一句恰当的话引起的笑声呢？但我必须写，因为笑声与静默是给内在真我营造安全空间的关键因素。

笑声与静默似乎是一对奇怪的搭档，但经验告诉我们，事实并非如此。举个例子吧，我们怎么称呼那些能在一起安安静静地待好几个小时而不感到尴尬或紧张，又能用幽默帮助彼此度过困难时期的人？没错，我们称他们是好朋友。

只有好朋友之间才会有笑声与静默，因为笑声与静默都会把我们置于容易受到攻击的位置。静默使我们容易受到攻击，因为我们停止制造声音，我们就失去了控制：谁知道我们关掉电视或停止喋喋不休时，我们会产生什么想法或感觉呢？笑声让我们变得脆弱，因为笑声往往因我们的缺点和瑕疵而起：谁知道玩笑开在我们身上时，我们会显得有多蠢？只有我们彼此信任的时候，我们之间才会有笑声与静默。笑声与静默越多，我们之间的信任程度就越深。

内在真我喜欢静默，因为内在真我是羞涩的，而静默让它有安全感。内在真我喜欢笑声，因为内在真我寻求真实，而笑声往往揭示了真实。最重要的是，内在真我热爱生命，而笑声与静默都有益于生命。也许正是这个原因，我们把那些能够自在地一起静默、一起欢笑的人称为灵魂伴侣。

友好地笑还是嘲笑

我在一个充满欢声笑语的家庭中长大，现在我们家依然笑声不断。父母让我们明白，嘲笑别人（一件坏事）和与别人一起友好地笑（一件好事）之间是有区别的。当我了解到同理心的字面意思是"感同身受"时，我想到了这种区别。当我们探寻一些人类共通的悲欢交集的人生处境时，我们会发出有同理心的笑声。彼此相视一笑是同理心的一种形式，在信任圈里的正是这种有同理心的笑声。

写这一章时，我正在带领一个信任圈。会面快结束时，有人提醒我们很快就会回到家人和朋友身边，他们会问："你们在静修会上干什么了？"他说，他发现自己很难跟生命中的重要人物分享那些强大的内心体验。他还说，有对夫妇的婚姻出现问题，就是因为妻子开始探索内在之旅，而丈夫不理解妻子。

听到这些话，很多人点头表示同意，信任圈的气氛一时变得有点低沉。这时，有人从包里拿出一本红色封皮的小书，说他总是把这本书带在身边，因为这本书对人生中各种各样的大事小事有很多明智的建议。

他说，这本书的名字是《犹太教里的禅：给你的启蒙之书》(*Zen Judaisum: For You, a Little Enlightenment*)。听到这个名字，大家笑了起来。他念了一段书中的文字："如果你长时间练习禅宗冥想，你的朋友和亲戚可能会对你有意见，觉得你把他们拒之门外。不要理会这些人。"听了这段话，大家的笑声更大了。[3]

我们的笑声不是在嘲笑我们的朋友、家人，也不是在嘲笑那个提出担忧的人，因为他听到那段话，笑声跟其他人一样大。我们笑是因为发现我们有相同的处境，笑声让我们能更轻松地对待担忧，更友善地处理与之有关的问题。

人们回到家，要是被问起："你们在静修会上干什么了？"我想，很多人会先讲这个小故事，把这个问题化解掉，揭开静修会的神秘面纱，开启更深层次的谈话。没有幽默的调剂，严肃的精神话题会难以进行下去。

成年人为了保持严肃会压抑自己的笑声，不过我们在压抑笑声的同时，也可能压抑了自己的内在真我。有位公立学校的老师就在信任圈里发现了这一点。她私下跟家人和朋友在一起时，是个爱笑的人。但她一走进教室，就会换上她的职业面孔，说话和做事都带着教师的含蓄和矜持，完全像个职业教师的样子。

执教多年以后，她开始失去对工作的热情。她参加了一个信任圈，希望能重新找回自己的内在真我。她很快发现，当她内心中被压抑已久的"野生动物"感到足够安全时，她就会像一个脱口秀演员。她意识到，幽默是她真我的重要特点，她决定以后用真实面目面对学生，就像她面对家人和朋友时一样。

内在真我与社会角色再次合一后，她重新发现了教学的乐趣。学生们对学习也更加投入，因为在一个更真实、更容易接近的老师面前，他们更有安全感了。

无声的交流

我的父母告诫过我们两种笑声的区别，两种沉默之间的区别与此类似。第一种沉默是，我们可以对别人保持沉默，比如我们用"沉默不搭理"来表示我们的不屑，或者看到别人受到不公正待遇时保持懦夫般的沉默。这种沉默会破坏社群，甚至让我们变成罪恶的同谋。

第二种沉默是与其他人一起静默，就像我们在反思、沉思和祈祷时的那种静默。这种静默，也是我们在信任圈里的静默，是人类交流的另一种形式。充满同理心的静默可以让我们彼此之间联结起来，触碰到那些无法用语言表达的真相，也被这些真相所感动。

我在彭德尔山工作和生活了 11 年。在那里，人们的生活紧密交织在一起，人们之间的关系很容易走近，也很容易走远。我跟社区里一位女士的关系，用"疏远"这个词来形容实在是太温和了。在我看来，她就是邪恶的代表。

彭德尔山的人们每天早上都聚在一起，大家在 45 分钟内保持静默，偶尔会有人不由自主地说几句发自内心的话。一天早上，我来晚了，只有她的旁边有空位。我很焦躁，差点就转身走了，但我还是控制住了自己，坐了下来，闭上眼睛开始冥想，慢慢忘记了身边坐着一个来自黑暗世界的生物。

大约半个小时后，我保持着低头的姿势，睁开眼睛，目光落在这位女士放在膝盖上的一只手上。她的手朝上放着，一束阳光打在她的手上，我看到她手腕上的动脉在微弱而稳定地搏动，那是她的心脏在跳动。那一刻，我清晰地意识到，这是一个跟我一样的人，是个有优点也有缺点、有希望也有失望、有欢乐也有绝望的人。在那一刻，对于她是谁，以及我对她的感觉，都发生了某种转变。

我跟这位女士的关系一直比较疏远，事实上，我一直对她怀有戒心。但是，在那个洒满阳光的静默时刻之后，我再也不会把她妖魔化了。我相信，如果我试着跟她"谈谈"，我就看不到她的人性，也无法重塑我们之间的关系。静默中有一种深度的交流，这种交流有时候胜过语言的力量。

除了有声和无声的差异，信任圈里的静默与笑声还有一个重要的不同之处：能够加深我们关系的笑声不是提前计划好的做法，而是对共同经历的自发反应。它不是那种由经验丰富的喜剧演员所引发的笑声，而是当我们发现日常生活中蕴含的喜剧，并玩味这种喜剧时，自然而然发出的笑声。

但能够加深我们关系的静默必须是提前计划好的做法，经过一段时间之后才能成为自发反应。为什么？因为在我们的文化中，笑声是可以接受的，而静默是不可以接受的，声音一旦停止，我们就会认为出现了严重问题。在这种文化中，我们有意创造静默时刻，从而为自发的静默铺平道路。

雷切尔·雷曼（Rachel Remen）是一位从事身心结合疗法研究的医生，她讲了一个关于静默的力量的故事。她的一位同事参加了一个荣格梦境分析会议，人们在卡片上写下问题，然后交给专家组，其中一位专家是卡尔·荣格的孙子。

> 其中一张卡片讲述了一个反复出现的可怕的梦。在梦中，纳粹的暴行把做梦者的尊严和价值剥夺殆尽。有位专家大声念出了这段内容。我的同事一边听，一边开始在脑子里思考对这个梦的解释，想把自己的解释跟专家小组的解释对照一下。她一边忙着给梦中的酷刑和暴行提供象征性的解释，一边想解释这个梦实在是太简单了。
>
> 但专家组的反应完全超出我的同事的预料。梦的内容读完后，荣格的孙子望着所有人，说："请大家站起来好吗？我

们一起为这个梦静默一会儿。"大家一起站了一分钟,我的同事不耐烦地等着接下来的讨论。但是,等所有人都坐下后,专家组却开始讨论下一个问题。

我的同事特别困惑,几天后,她跟自己的一位老师——一位荣格派的精神分析师说了自己的困惑。"噢,露易丝,"他说,"生命中有一些难以言喻的痛苦,它脆弱到极点,无法用言语来表达,也无法解释,甚至无法疗愈。在这样的痛苦面前,我们能做的就是见证这些痛苦,不让人们独自承受这些痛苦。"[4]

这个故事有两句潜台词,让我们明白为什么信任圈必须讲授和采用一起静默的做法。第一句潜台词是,荣格梦境分析会议上的静默不是自发出现的,而是一个专家提出的。要是荣格的孙子没有提议静默,专家组很可能会马上展开一场分析性的讨论。

第二句潜台词是,会议上很多人都明白为什么静默是唯一有意义的反应,否则他们会催促专家组对那个梦做出解释,雷切尔·雷曼的同事却不明白,她受困于分析性思维模式,需要一位值得信赖的老师向她解释到底发生了什么及其原因。

静默的做法

雷切尔·雷曼描述的那种静默在信任圈里很常见,它有时候是在回应深切的痛苦,有时候是在回应巨大的喜悦。它传达的不是冷漠或忽视,而是敬畏和尊重。它对在信任圈里说出真相的当事人说:"我们不会侵入你向我们敞开的来自内在真我的真相,也不会逃避这些真相。我们会在静默中充满同理心地守护你，守护你的真相。"

但是，帮助信任圈的每个人都适应静默是一件困难的事，因为对沉默的恐惧已经深深地刻入了我们的心灵。我听说，有一项研究表明一般人最多只能忍受15秒的沉默。你在接下来的几周里可以自己做点这方面的研究。在我们这个爱讲话的文化中，谈话中出现沉默的可能性并不高。如果你和一群熟人在谈话中出现了沉默，你可以看一下表，看看从出现沉默到下一个人开始说话有几秒的间隔，其实下一个说话的人往往没什么可说的，说话只是为了打破沉默而已。

当然，我们私下里也害怕沉默。例如我们大多数人上班的地方都比较嘈杂，但下班后有机会安静一会儿了，多少人却钻进车里打开收音机？多少人一回到家就打开电视机？如果我们不这样打发时间，而是出门去散步，多少人会边散步边戴着耳机听音乐？多少人习惯不停地聊天，不管去哪里都习惯带着手机？

人们可能以为，宗教场所会比较强调静默的氛围，因为宗教团体声称要让我们接近神圣的奥秘。然而在我所知道的大多数教堂里，很难寻觅到真正的静默，教堂的空间里往往充斥着交谈或其他声音。让我感到尤为奇怪的是，即使在牧师要求大家安静、他自己也不说话的时候，教堂里也经常回荡着管风琴的声音！即便如此，这种静默也只能持续15秒。

但静默在信任圈中特别重要，这让我们再次想到信任圈与主流文化是如何不同。如果没有静默，我们也只不过是一群在树林里横冲直撞、想把内在真我吆喝出来的人罢了。营造信任圈所用到的所有其他重要做法（借助第三事物、发自内心在信任圈里说话、深入倾听、问真诚的开放式问题），都必须以静默为载体，与静默一起使用，只有这样，它们才能发挥作用，让我们的生活发生转变。

为了帮助人们适应静默，信任圈的带领者必须让静默成为一种常规做法，及早引入静默，并在活动过程中不断带领大家静默，使大家体会到静默是一种礼物而不是一种威胁，从而让静默可以在信任圈里自发出现。

例如，信任圈开始的时候，带领者不会像在一般会议上那样先致欢迎辞、做自我介绍、介绍日程，然后说一些需要注意的事情，而只是说："让我们静默几分钟，让自己完全进入信任圈。"然后大家一起静默3～4分钟，再开口说话。

随着人们越来越习惯开始时的静默，人们也会越来越习惯中途的静默。例如，在关于第三事物的对话中，带领者可能需要提醒大家，在两次发言之间需要静默一会儿，以便每个人都有时间思考，让那些开口慢的人也能加入对话。看到静默的好处后，人们需要提醒的次数会越来越少。在澄心委员会活动中，看到当事人在话语间的静默中有那么多收获，我们对静默也会越来越信任。

我做社区组织工作时了解到一点：有些事情人们想做但又不好意思自己做，如果给他们提供做这些事的理由和许可，他们往往会因此发生重大的变化。内在真我需要静默，如果我们在信任圈里给人们静默的理由，允许他们静默，内在真我就会出现，而且往往会促成一个人的转变。

我们的文化极其害怕死亡的静默，所以我们崇拜无休止的噪声,或许我们把噪声当成了"永生"的世俗标志!在这个喧嚣的世界上,短暂的静默可以帮助我们适应终极静默。我们都在走向终极静默。短暂的静默带来"短暂的死亡",但令我们惊讶的是,"短暂的死亡"反而会带给我们深刻的满足。例如,当我们静默时,我们所有的态度和努力都必须停止,我们会体验到"短暂的死亡"。我们花了那么多时间培养的独立自我意识的死亡,但是这种"短暂的死亡"并没有让我们感到恐惧,反而让我们更加安宁、更加自在。

古老的修道生活指南中有这样一条告诫——每天都要面对死亡。[5] 年轻时,我觉得这个建议有点病态。但随着年龄的增长,我越来越明白这种做法可以带来多大的生命力。当我沉浸在静默中时,我更接近自己的内在真我,触及我内心深处无惧死亡的地方。我在静默中经历"短暂的死亡",让我更加热爱生命,让我注意到我写作时,阳光洒满了整个房间,微风从窗外徐徐吹来。

所以,静默不仅带来"短暂的死亡",还带来"短暂的新生",带来对美、活力、希望和生命的觉醒。在静默中,我们或许凭直觉意识到,新生和死亡有很多共同之处。

A HIDDEN WHOLENESS

| 第10章 |

第三条道路
日常生活中的非暴力方式

> 有一片田野,它位于
> 是非对错的界域之外。
> 我在那里等你。
> 当灵魂躺卧在那片青草地上时,
> 世界的丰盛,远超出能言的范围。
> 观念、言语,甚至像"你我"这样的语句,
> 都变得毫无意义可言。
> ——鲁米[1]

周一早上现象

在我探寻内在之旅的早期,我体会到了周一早上现象,即在周末经历了鼓舞人心的静修会后,周一早上往往会感到失落。兴奋了两天后,回来上班就开始低沉坠落。我原以为我在内心取得了进步,但在"现实世界"的要求面前,这种进步似乎只是一种幻觉;我原以为我找到了新的自我,但这个新的自我像海市蜃楼一样消失不见了。

我现在明白，那些失望只能部分地归因于现实世界的严酷和我精神耐力的不足。最主要的原因是，我那时候参加的静修会，虽然用意良好，但是为绝望而设。主导这些静修会的是一种侧重于逃避而非积极参与现实的精神，我在这些静修会上获得了一种非常罕见的巅峰体验，但这种体验无法持续很长时间。

信任圈不会带给我们登顶继而失望的巅峰体验，而是把我们放在莫比乌斯带上。在这里，我们永远不会离开地面。我数次听到参与者说："这是第一个没让我'嗨起来'的静修会。我觉得自己更踏实了，在这个世界上更自在了。"

离开信任圈，回到工作场所或其他生活场所后，我们能生气勃勃地继续工作和生活。我们在信任圈里所做的内在工作提醒我们，这个世界从来都是我们共同创造的，所以我们不必把自己视为这个世界的受害者。现在，我们带着对古老训诫的新理解开启周一的早上——"我将生死、祸福陈明在你面前，所以你要拣选生命。"[2]

然而，当我们"拣选生命"时，我们很快就会面对现实世界中充满暴力的文化。我所说的暴力，不仅仅是指媒体报道中那些身体层面的野蛮行为，更常见的是那些对人们精神层面的攻击。这些攻击在我们的生活中极其普遍，普遍到我们可能认为这些都算不上暴力行为。

父母侮辱孩子，教师贬低学生，主管将员工视为实现经济目的的一次性手段，医生把病人当作研究对象，种族主义者认为肤色与己不同的人低人一等，以上种种都是暴力行为。身体暴力会导致死亡，精神暴力也会导致其他形式的死亡——自我意识的死亡、对他人信任的死亡、创造力和冒险精神的死亡、对公共利益奉献精神的死亡。如果这类死亡也要发布讣告，那么每天的报纸都得像一本大部头的书那么厚。

超越"战斗或逃跑"

我所说的暴力是指以任何形式侵犯他人的自我和整全。我发现这个定义很有帮助，因为它揭示了大大小小的暴力行为的关键特征，从向地球另一端的平民投掷炸弹，到在教室里贬低一个孩子，它们都具有同样的特征。

大多数人的生活范围是家、教室或工作场所，我们在宏大的全球舞台上只扮演着微不足道的角色。但是，我们在生活的小小舞台上所做的选择，无论是好是坏，都会对整个世界所发生的事情产生影响。即使我们只是默许生活中的一点点暴力，时间长了我们也会对暴力变得麻木不仁，认同普遍的无稽之谈，即暴力"只不过是正常的事情"，被动地接受暴力在我们生活中的主导地位。

信任圈给予我们的礼物之一，是让我们有机会看到暴力是多么不正常的事情。信任圈的氛围唤起了"我们天性中善良的那一部分"，让我们体验到尊重他人的自我和整全是我们的天性。在学会彼此尊重之后，我们见证了在我们的内心之中、我们彼此之间以及我们之外发生了多么了不起的事情。

在信任圈中，我们学习用"第三条道路"来应对这个世界的暴力，之所以称为第三条道路，是因为它是古老的动物本能"战斗或逃跑"之外的第三种选择。[3]战斗是用暴力对抗暴力，它会造成更多的暴力；逃跑是屈服于暴力，它将个人安危置于公共利益之上。第三条道路是非暴力方式，所谓非暴力方式，是指在任何情况下都以尊重内在真我的方式行事。

我参加过的信任圈都从未把非暴力方式作为讨论的重点，但就我所知的信任圈来说，非暴力是每个信任圈默认的。我们为彼此的内在真我营造一个安全的空间之后，我们就会发现以非暴力方式生活的意义，并且设想如何在日常生活中践行这种方式。我们开始看到，我们可以把信任圈的原则和做法推广到我们生活中的其他领域，比如家庭、邻里、工作场所和公共场所。我们明白了一个简单但重要的真理：第三条道路不是只有甘地和马丁·路德·金等大人物才能行走的高尚的英雄之路，你我这样的平凡人也可以踏上这条路，而且也必须踏上这条路。

实际上，走第三条道路很像字面意义上的行走：简简单单地每次走一步，每一步都尊重内在真我。我在这里举三个简短的例子，它们都具有非常重要的意义，因为它们对每个个体和每个组织来说都非常具有代表性。这三个例子的发生地点都是工作场所，虽然工作场所只是我们生活中一个较小的舞台，但是在这个舞台上，太多太多的人发现自己的自我和整全受到了侵犯。

我知道有些人在信任圈的启发下，找到了一种新的方式来参与组织决策。以前一觉察到同事有任何"错误想法"，他们会马上提出反对，很快跟同事发生争执。现在面对他人的主张，他们一般会真诚地问一些开放式问题，这样的问题会引发对话、带来洞见，有时候会让人们发现原来他们有很多一致的见解。

我知道一些工作小组的主管，有时候在会议正式开始之前会先花几分钟邀请大家讲一下自己的个人故事，问一个比较安全的问题，让彼此增进了解，同时让他们觉得自己不是组织中可以替换的零件。比如："你过得最惬意的假期是哪次？""说说第一次在外面赚钱的经历吧，你是怎么赚到钱的？""不用上班的时候，你心目中最美好的一天是什么样子的？"

我知道一家大型医疗保健公司的CEO受信任圈某个重要原则的启发，在公司内部营造了安全的空间，员工可以如实地反映情况，不必担心受到惩罚。这家公司后来赢得了令人艳羡的优秀服务奖，其主要原因就是公司的医生和护士可以在这个不受指责的安全空间里安心报告自己的事故。"在报告上来的事故中，有一半都直接促成了公司的改善和发展。"CEO如是说，她在这方面有过深刻的教训——早年在担任护士期间没有报告给病人用药的错误。[4]

如果我们想走第三条道路，非常重要的一点是要看到走的第三条道路有多么简单，但同样重要的是，我们也要看到走这条路并不像看起来那么简单！在速度重于思考的企业文化中，问真诚的开放式问题是一件令人发怵的事情；在员工小心谨慎、自我保护心较强的工作场所，邀请大家讲个人故事不是一件容易的事情；在人们出于自保和互保的目的习惯于掩盖真相的领域，让大家讲真话也是一个很大的难题。

在这样的环境中走第三条道路，很可能会遇到怀疑、抵制、蔑视，甚至更糟糕的对待，这让我们再次想到精神暴力在这个世界中是多么普遍。因此，如果想成为非暴力变革的推动者，我们至少需要四种资源的支持,才能在非常不利的环境中生存和坚持下来。这四种资源分别是:打算做某事的合理理由、做这件事的明智策略、能持续提供支持的社群,以及可以立足的内在根基。

非暴力的核心理由很简单,也能自洽:我们以尊重内在真我的方式行事,因为内在真我值得尊重。从尊重内在真我的动机出发,我们的行动可能会改变世界,也可能不会。但是对内在真我怀有敬畏和尊重,我们总能让自己变得更好。

然而,非暴力变革推动者并不缺乏实际的动力。他们知道怀着尊重内在真我的目的做事情可以提高我们的做事能力。那些在会议上问真诚的开放式问题的人们知道,我们从各自为营或针锋相对的状态中走出来,共同思考,我们更有可能做出正确的决定。那些提供机会让团队成员增进了解的管理者知道,成员有私人交情的团队总体上工作效率更高,在危机中也更有韧性。那些营造了讲真话不受指责的安全空间的 CEO 知道,只有人们能够毫无顾虑地承认和改正自己的错误,组织才有可能得到改进和提升。

非暴力变革推动者需要的第二个资源是变革的明智策略。如果决定用提问的方式而不是争论的方式来参与决策,那么这时的"策略"就是不试图操纵结果,而是凭借能力和开放的心态,努力塑造新的可能性。运用这种策略,你们可能会共同协作,毫无阻力地达成决策。之所以没有阻力,是因为没有人注意到正在发生什么!如果使用这种策略能制定出更好的决策,更为契合组织的发展使命,那么无疑人们会在组织内部推广这种策略。

如果管理者为了增强团队凝聚力,决定引入讲述个人故事的做法,他们不会贸然执行,而是会事先分享这样做的理由,在征得大多数人的同意后，再逐步引入这种做法。在推行过程中会有越来越多的人参与进来。抱着谨慎和尊重每个人的态度，尊重那些不愿意参与的人的意愿，分享个人故事这种"奇怪"的做法可能会成为组织内的新常态，让人们感到自己被看见、被重视。

如果CEO为了强化公司的使命，决定引入有点风险的讲真话原则，他们知道，讲真话必须从自己做起。所以，那家赢得殊荣的医疗保健公司有一位敢于公开承认自己曾隐瞒重大错误的CEO并非偶然。她的策略很清晰，也很令人信服：领导者讲真话可以带动公司上上下下的人都讲真话。

对非暴力变革推动者来说，第三个至关重要的资源是一个能持续提供支持的社群。在这样的社群（即信任圈）里，我们不仅学习非暴力的原则和做法，还拥有一群相互扶持的人，他们支持我们迈向更广阔的世界，帮助我们找到前行的勇气，并且敞开心扉，聆听我们分享失败和成功、希望和恐惧。

我知道很多信任圈的初衷是在1~2年内定期聚会，但是6年、8年、10年过后，信任圈的一些成员仍然定期相聚。在信任圈和外在世界之间来回切换的经历，让他们明白了社群支持的重要性，有了社群的支持，他们才能坚定地"不再割裂地"生活。

最后，非暴力变革推动者必须有一个内心的立足点。如果没有内在的平静，我们就无法踏上第三条道路，也无法在"世界的暴风雪"中生存。信任圈可以帮助我们找到这个立足点。这个内心的庇护所不仅能帮助我们在暴风雪中生存，它还是非暴力行动的灵魂基地，能够为他人提供有力的帮助。

我们不能把信任圈的重要做法，即问真诚的开放式问题、邀请人们讲述自己的个人故事、在组织内鼓励讲真话，仅仅视为管理技巧或社会工程的方法。如果抱着操纵他人或控制他人的目的使用这些方法，或者出于恐惧使用这些方法，都会造成欺诈行为或破坏性行为。但如果从善意出发，并采用尊重他人的方法，这样的行为就会在他人身上唤起同样的品质。只有当我们的内心和平时，我们才能在自己周围的世界缔造和平。

立于悲剧性的鸿沟中

所有形式的暴力都源自割裂的生活，源自我们内心的裂痕。裂痕扩大，成为人与人之间的鸿沟。但是，暴力往往并不局限于我们内心的暴力或人与人之间的暴力。就像战争这种身体暴力需要大量的制度性支持一样，大多数精神暴力的背后也有制度性支持。这些制度允许暴力，甚至鼓励暴力。

某些大学把输赢竞争当作让学生学习的最佳手段，某些医学院把痛苦的病人变成抽象的"研究对象"，某些经济机构把资本的权利置于人民的权利之上，某些政治机构建立在"强权即公理"的基础上，某些文化机构赋予某个种族或某个性别的人优越感，所有这些做法，以及这里未提及的很多做法，都把暴力渗透到我们生活的方方面面。

坏消息是，暴力存在于我们生活的每个层面。好消息是，我们可以在每个层面上选择非暴力行为。不过非暴力行为具体是什么意思呢？答案当然要视具体情况而定，1000种情况可能有1000种答案。但是我们会发现"心的习惯"贯穿在所有这些答案中：以非暴力方式生活在这个世界上意味着学会把握张力，相信这种张力本身会把我们的心灵和思想引向思考和行动的第三条道路。

特别是，我们必须学会把握当下的现实和更好的可能性之间的张力。例如在商务会议上，当下的现实是我们对于该做什么陷入僵局，更好的可能性是我们有可能找到比桌上所有的方法都好的解决方案，我们要学会把握这两者之间的张力。在"9·11"事件后，当下的现实是我们陷入无休止的战争循环，更好的可能性是有朝一日我们有可能生活在和平的世界中，我们要学会把握这两者之间的张力。

当然，找到超越当前困境的第三条道路在理论上是可能的，但在现实生活中却往往很难找到。在有争议的商务会议上，可能存在一个更好的解决方案，但是在自我、时间和底线的压力下，我们往往不太可能找到这个解决方案。在战争中，和平可能是我们的梦想，但是贪婪、恐惧、仇恨和末日武器等残酷的现实很快就会使我们的梦想破灭。

非暴力生活的核心观点是，我们生活在一条悲剧性的鸿沟中，鸿沟的一侧是现状，另一侧是我们有可能达到的状态。这一鸿沟从未被弥合，也永远不会被弥合。如果我们想过非暴力的生活，我们必须学会立于悲剧性的鸿沟中，把握现实和可能性之间的张力，期待这种张力会带领我们找到第三条道路。

我对生活在这条鸿沟中有多艰难有非常清醒的认识。我们可能想同时把握住现实和可能性，但我们经常发现这样做很难，所以我们放开一端，陷入另一端。有时候我们听天由命，愤世嫉俗地毫不作为；有时候我们一味地陷在逃避现实的幻想中，完全忽视了冲突。这两个极端我都经历过，所以我一直在思索我为什么会这样。

在我的内心深处，有一种比"战斗或逃跑"更原始的本能。我认为，肯定不是只有我一个人有这种本能。人类这个物种对于任何形式的紧张局势都极度缺乏耐心，希望能尽快解决每一个存在争端的问题。

例如，在一次会议上，我们必须做出决定。随着讨论的进行，很明显人们对问题的意见出现了分歧。听到各种各样的不同意见，我们越来越沮丧。我们不习惯把握各种冲突间的张力，而是希望"推动事情向前发展"，于是我们把问题摆出来进行投票，让大多数人决定应该采取什么行动。

这样一来，张力就消除了，至少看起来是这样。但是，由于缩短了探索的时间，我们剥夺了自己找到更好方法的机会。如果我们允许对立的观点相互补充、相互扩展，那么新的解决方案会逐渐浮现出来。像前文那样听从大多数人意见的解决方法，往往会使矛盾转入地下，使得少数人愤愤不平，蓄力破坏已经做出的决定。

有时，在更大的舞台上，我们也显露出迅速消除张力的本能。美国人弄清楚2001年9月11日发生了什么事情之后，陷入了一种遭受暴力和如何应对暴力之间的张力状态。当然，结果是毫无悬念的。我们的反应方式是对肇事者或者对看似肇事者的替身以牙还牙，因为我们认为一个国家就应该这么做。

但是，其实我们有另一种选择：我们本可以多保持一会儿张力，让这种张力带领我们找到一种更圆满的回应方式。如果我们这样选择，我们可能会明白，美国人在2001年9月11日感受到的恐惧，是世界上许多人每天都在经历的。这种感悟可能会增强我们对世界上其他国家和地区的同理心，而这种同理心可能会帮助我们成为更有同情心和更负责任的国际公民，从而改变美国的一些政策和做法（要知道，这些政策和做法让某些遥远地区的人们整日遭受恐惧的折磨）。这可能会让这个世界成为一个对每个人来说都更安全的地方。

如果我们多保持一会儿张力，我们可能就会看到威廉·斯隆·科芬（William Sloane Coffin）提出的建议，他建议的行动会将我们置于现实和可能性的鸿沟中：

> 我们会回应，但不是用以牙还牙的方式。我们不会杀死其他地方无辜的受害者，来为那些无辜死去的美国人报仇。如果以牙还牙，我们就会成为我们所憎恶的人。我们拒绝加剧暴力循环，这种循环只会带来更多死亡、破坏和贫困。我们要做的是与其他国家建立联盟。在国际社会同意的前提下，我们将分享情报、冻结资产并强制引渡恐怖分子。（我们）将尽一切力量来伸张正义，但不是通过武力，而是通过法律的力量。[5]

我们没有把握住张力，让张力带领我们找到类似的选择，而是在本能的驱使下，让自己陷入了"战斗或逃跑"的两难境地。既然"美国人从不逃跑"，我们便投入了战斗，而且直到本书撰写之时，战斗仍在继续。但我们心中的恐惧，并没有比2001年9月12日少一毫一分，我们只是不情愿地接受了这种恐惧。

打破心的禁锢

为什么不管是大事还是小事，我们都不愿把握张力？从表面上看，答案似乎很清楚：这样做让我们显得犹豫不决、优柔寡断。无论是在商务会议上，还是在世界舞台上，我们都希望表现得强大有力，不想让别人觉得自己懦弱无能。我们想赢，所以我们呼吁投票，或者尽快派遣军队。

我们不喜欢"立于悲剧性的鸿沟中"，因为它与权力的傲慢相矛盾，而权力的傲慢已经深深扎根于我们的自我和文化中。这种傲慢从何而来？我认为它来自恐惧。越没有安全感，就会越傲慢，我认识的最傲慢的人也是最没有安全感的人。傲慢的自我不喜欢我们在张力中等待，它害怕一旦输掉眼前的战斗，就会失去它的地位。

这就是我们对张力感到恐惧的原因，至少从表面来看是这样的。不过恐惧总是有很多层次的，只有触及它的本质，我们才能真正理解恐惧。说到底，促使我们尽快消除张力的原因，是我们担心如果等待太久，我们的心会变得破碎。

引起我兴趣的是这种最底层的恐惧，原因有二。第一，它在我内心唤起的更多的是对自己和对他人的同情，而不是自我对丢脸或失败的恐惧，后者是件既可悲又令人厌恶的事情。第二，内心害怕破碎并不是臆想：长时间在极其紧张的局势中等待有可能让内心破碎，实际情况也往往如此。

但是，我们至少有两种方式来理解内心破碎是什么意思。一种方式是想象内心破成碎片，散落一地。大多数人都知道这种感觉，也希望避免发生这种事情。另一种方式是想象内心破裂后打开，拥有新的能力。这个过程并非没有痛苦，但很多人会愿意经历这个过程。当我站在现实与可能性的鸿沟中，那个小小的、像握紧的拳头一样的心可以打开，变得更大，容纳更多我自己的和这个世界的痛苦和欢乐、绝望与希望。

如果你想证实一下这些选择是什么样子，不妨跟十几岁孩子的父母谈谈。父母们经常发现自己立于悲剧性的鸿沟中，一端是对孩子的期望，另一端是孩子的现状。如果父母不能把握这两者之间的张力，他们往往会走向某个极端，不是对"他们的宝贝"寄予过高的期望，就是对"他们的眼中钉"不满地冷嘲热讽，完全无法接纳孩子。这两种反应方式不论是对父母，还是对孩子，都会造成非常严重的伤害。

但是很多父母证实，立于悲剧性的鸿沟中，把握住张力，不仅对孩子有好处，他们自己也变得更开放、更善解人意、更富有同理心。E. F. 舒马赫（E. F. Schumacher）说得很好：

> 我们终生都要面对调和矛盾的任务。从逻辑的角度来说，这些矛盾是无法调和的……我们怎么调和教育中自由和纪律的矛盾呢？实际上，无数母亲和老师做到了这一点，但是，他们能做到这一点不是依靠什么解决方案，而是带入一种更高层次的力量，这种力量超越了矛盾双方的对立，它就是爱的力量……可以说，存在分歧的问题迫使我们把自己提到一个高于自己的层次；这些问题要求并激发出更高层次的力量，从而将爱、真、善、美带进我们的生活。[6]

如果你需要知名人士的例子，证明把握住张力可以让人心胸宽广，那就随便说一个献身于真理、正义、爱和宽恕的名人。凡是我能想到的这样的人，无一不是终其一生都立于悲剧性的鸿沟中，在世界的现实和人类可能性的愿景之间上下而求索。总之，他们的心已经打开，容纳万物，为所有人昭示了一个更美好的未来。

在无数默默无闻的父母和一些世界知名的非暴力变革者的启发下，我想重新审视一下自我的恐惧，即把握住张力会显得软弱，无法取得想要的结果。正如这些默默无闻的人与赫赫有名的人所证明的那样，这种恐惧是没有证据支持的：那些能获得最大利益的人正是那些最善于立于悲剧性的鸿沟中的人。当然，比起呼吁投票或派出军队，这样做的结果来得更慢一些。我经常听到这样一种观点：有些问题从现实角度或道德角度来说非常紧迫，在行动之前安心等待不但效率低下，而且不负责任。

有时候情况可能是这样，但并非总是如此。就像所有重要的问题一样，我们需要仔细辨别，才能决定是否应该快速采取行动。来看一下约翰·伍尔曼（John Woolman）的例子。他是一名裁缝，生活在殖民地时期的新泽西州。那里的农民和商人生活富足，但他们的富足很大程度上依赖于奴隶劳动。伍尔曼认为奴隶制是一种可恶的制度，人们应该释放奴隶，还他们自由。

在之后的20年里，伍尔曼致力于与贵格会教徒分享这一理念，不惜付出了巨大的个人代价。他在生活中处处注意"言行一致"。如果是去偏远的农场，他宁愿挨饿也不吃奴隶做的或者由奴隶端上来的饭菜。如果无意中受益于奴隶的劳动，他会坚持向他们付钱。

并不是所有的贵格会教徒都愿意接受伍尔曼的理念。有的贵格会教徒和其他人一样，坦然自若地过着割裂的生活。其实现在的情况依然如此。用自嘲的话来说，"我们来到这个国家是为了做好事，结果却依靠他人的劳动过上了富有的生活"。这些生活富足的贵格会士绅们如果接受伍尔曼的理念，必定要在经济上做出牺牲。

20年间，从一个城镇到另一个城镇，从一个农场到另一个农场，从一次聚会到另一次聚会，伍尔曼讲述着他发现的真相，始终立于平等理念和蓄奴现实的鸿沟中，在巨大的矛盾面前温和地坚持自己的信念。他坚持了20年，直到贵格会教徒们达成共识，每个教徒都必须释放自己所有的奴隶。

贵格会之所以在美国历史早期就采取反对奴隶制的立场，部分原因是约翰·伍尔曼愿意在现实和可能性之间的张力中采取温和的态度。但值得注意的是，整个贵格会社区也愿意采取这种态度，直到他们找到一种更完善的与世界相处的方式。他们没有屈服于过早解决矛盾的冲动，即要么把伍尔曼赶出去，要么投票决定是否解放奴隶。如果是后者，那么赞成奴隶制的大多数人将会赢得胜利。他们没有走向这两个极端，而是让现实和可能性之间的张力引领他们打破心的禁锢，一起拥抱正义、真理和爱。

信任圈中的张力

在信任圈中围坐在一起时，我们会有很多次在对立的张力中采取温和的态度的体验。这些体验会慢慢把我们的心打开，让我们拥有更大的能力。以下是在信任圈中我们学习采取温和的态度的一些情形，也是对我们探讨过的一些主题的简单总结：

- 我们在倾听他人的问题时，不会急于帮他们解决问题或拯救他们；我们用温和的态度给他们空间，让他们在那个空间里聆听自己内在导师的声音。我们学会既不打扰，也不回避彼此生活中的实际问题，而是找到彼此同在的第三种方式。
- 我们创造了一种以"第三事物"为媒介的社群形式。借助这些诗歌、故事和艺术作品，我们能够以隐喻的方式来处理具有挑战性的问题，让这些问题不至于演变成要么赞成，要么反对的争论。
- 在讨论中，我们从不说服或劝阻彼此，是每个人在信任圈中都从自己的内在中心向着信任圈的中心说话。在编织"真相的织锦"时，我们在对立两极之间的张力中采取温和的态度，这样的讨论可以把我们带到一个更深的层次。
- 在信任圈中，真相既不存在于某些不可改变的外部权威中，也不存在于每个人一时的看法中。它存在于我们之间，存在于永恒的对话的张力中，在这里，我们认为自己从内心听到的真理之声，可以被其他人认为他们听到的真理之声所制约和平衡。

通过这些方法，以及前面提及的其他方法，信任圈可以帮助我们以尊重彼此内在真我的方式进行交往，帮助我们超越"战斗或逃跑"的本能，让我们有可能在日常生活中找到处理事情的第三条道路。下面是一个与此有关的真实故事。

吉姆是一名公立学校的老师，他的同事都知道他反对升学考试，往往会言辞激烈地论证自己在这个问题上的立场。他加入了一个为期两年的信任圈，很大程度上是因为教书 20 年后，他开始感到自己有职业倦怠。信任圈没有改变吉姆对升学考试的看法，但确实教会了他深入倾听那些在很多事情上与他意见相左的人的想法。在这个过程中，吉姆发现自己的心打开了。

信任圈结束两年后，吉姆决定竞选所在学校负责执行联邦考试政策的教职工委员会主席。他依然强烈反对这项政策，但他现在明白，教职工们需要一个安全的空间。如果他们想找到一条既不伤害学校和所有教职工，又不伤害孩子们的道路的话，他们就需要这个安全的空间中尊重彼此在这个问题上的不同观点。吉姆赢得了选举，在他的领导下，委员会帮助学校实施了这项政策，在实施过程中几乎让所有相关人员都感到受到了尊重。

这个故事有两点值得注意。第一，吉姆提名自己担任这个职务，说明他的自我认识在信任圈中发生了非常深刻的变化。他依然强烈反对升学考试政策，但他认识到自己现在的主要使命是保持张力，而不是制造张力；是在不同观点之间搭建桥梁，而不是修筑隔墙。第二，吉姆的同事选他担任这个职位，说明他们明显地看到了他的转变。过去的吉姆永远不会被推举担任这样重要的职位，因为他的同事不相信他能为不同的观点和声音营造和维护一个安全的空间。

在吉姆宣布自己要参加竞选之前，有人问他："两年的信任圈对你最重要的影响是什么？"他不加思索地说："它让我重新发现了一个人的心可以有多么慷慨，同时也对痛苦有了不一样的认识。"吉姆的回答很清晰，他说的这两点也是走第三条道路所需要的内在品质。

这是来自哪里的声音呢？不是理智的声音，理智说的是事实和理论。不是情感的声音，情感说的是喜悦和愤怒。不是意志的声音，意志说的是努力和结果。不是自我的声音，自我说的是骄傲和羞耻。我想，这是内在真我的声音，只有内在真我才能说出这样的话。

内在真我是慷慨的，它接纳世界的需求。内在真我是智慧的，它经受痛苦但从不封闭。内在真我是充满希望的，它行走于世间，不断打开我们的心灵。内在真我是有创造力的，它在毁灭性的现实和逃避性的幻想之间找到一条道路。唯一需要我们做的，就是推倒那堵将我们和自己的内在真我分开，并剥夺了内在真我再生力量的墙。

在写下"唯一需要我们做的"这几个字之前，我想了很长时间，因为这几个字让我们的任务看起来很简单。在我生命中的大部分时间里，推倒那堵墙一点也不简单，即使是现在，我也有觉得困难和危险的时候。但是最近这些年，我觉得"推倒那堵墙"比较简单的时候越来越多，简单到让我疑惑为什么以前觉得那么难。

我问自己为什么会这样，我从镜子中得到了答案：我变老了！年龄大了后，有些事情会变得更容易。当然不是所有事情都变得更容易，比如我现在很难一觉睡到天亮，记不起上楼要来干什么，很难同时处理多项任务，很难拿起并读完一本书……

但其他事情确实变得更容易了，其中之一就是做自己。年龄的增长让我失去了假装的精力，也失去了假装的动力。不管什么事情，我都觉得没必要再糊弄他人了，我更需要在往后的余生里以真实的自己待在世间。每当我感受到年龄赐予我的礼物时，就觉得自己像那棵挺立在岩石上的短叶松一样挺立于世，因为做真实的自己而获得了朴素的整全，我感到无比的幸福。

玛丽·奥利弗写过一首题为《当死亡来临》（When Death Comes）的诗。[7]自从在一个信任圈里第一次读到这首诗，它已经陪伴了我10年。我常读这首诗有两个原因：一个原因是那个"独处的社群"引介这首诗的方式深深地震撼了我，另一个原因是它非常贴切地表达了我现在的状况。

这首诗的开头是一个又一个死亡的意象——"秋天里饥饿的熊""麻疹""肩胛骨间的冰山"，这些意象就像冷水一样泼向不愿接受死亡的读者。然后这首诗突然来了一个转折——"因此……"，接着是一些有益于生命的选择，当我们拥抱死亡时，我们就可以做出这些有益于生命的选择。这些选择生动地描绘了整全生活的图景：

> 因而，我视一切
> 如同兄弟姐妹，
> 我视时间只是一个念头，
> 我想到永恒是另一种可能性，
>
> 我将每一个生命看作一朵花，和野菊花一样
> 平常，又独特，

而每个名字是唇中舒缓的音乐，
就像所有的音乐，趋向沉默，

而每一个身体是一头勇敢的狮子，对地球而言
珍贵无比。

当一切结束，我将说：终此一生
我是惊奇的新娘。
我是新郎，怀抱着世界。

当一切结束，我不想自己无法确定
我是否度过了特别而真实的一生。
我不愿发现自己叹息并惊恐，
或者充满争辩。

我不愿只在世上走一遭就死去。

接受了我们终有一死这一简单的事实，我们也就接受了真实的自我。我们清楚地知道，生命这一礼物只是暂时的，我们选择"不再割裂地"生活，唯一原因是不这样做很愚蠢。当我们按照这样的选择生活时，我们会更清楚地看到，我们周围的所有生命都是"地球上的珍贵之物"，我们会找到越来越多的方式来尊重我们自己和每一个凡人的内在真我。

| 注释 |

致谢

1. D. M. Thomas, "Stone," in John Wain, ed., *Anthology of Contemporary Poetry: Post-War to the Present* (London: Hutchinson, 1979), p. 27.

序幕：世界的暴风雪

1. Leonard Cohen, "The Future" © 1992 by Sony Music Entertainment, Inc.

第1章 整全的意象："不再割裂地"生活

1. Douglas Wood, *Fawn Island* (Minneapolis: University of Minnesota Press, 2001), pp. 3–4.
2. Thomas Merton, "Hagia Sophia," in Thomas P. McDonnell, ed., *A Thomas Merton Reader* (New York: Image/Doubleday, 1974, 1989), p. 506.
3. U.S. Department of Agriculture, *A Changing Forest* (Washington, D.C.: Government Printing Office, 2001).
4. Rumi, "Forget Your Life," in Stephen Mitchell, ed., *The Enlightened Heart* (New York: HarperCollins, 1989), p. 56.
5. Noah Porter, ed., *Webster's Revised Unabridged Dictionary* (Springfield, Mass.: Merriam, 1913), p. 774.
6. John Middleton Murry, quoted in M. C. Richards, *Centering* (Middleton, Conn.: Wesleyan University Press, 1989), epigraph.

7. "Persons of the Year," *Time,* Dec. 30, 2002–Jan. 6, 2003, pp. 30 ff.
8. Ibid., p. 33.
9. Ibid.

第2章 跨越鸿沟：内在真我与社会角色再次合一

1. Rainer Maria Rilke, in Stephen Mitchell, ed., *The Selected Poetry of Rainer Maria Rilke* (New York: Vintage Books, 1984), p. 261.
2. Rumi, "Someone Digging in the Ground," in Coleman Barks and John Moyne, trans., *The Essential Rumi* (San Francisco: HarperSanFrancisco, 1995), p. 107.
3. C. S. Lewis, *The Chronicles of Narnia* (New York: HarperCollins, 1994).
4. Rilke, Selected Poetry, p. 261.
5. 我不是第一个使用"信任圈"这个词的人，不过据我所知，我赋予了它我独有的含义。你在网上搜索信任圈，会发现这个词被用于各种各样的目的，从改善发展中国家贫困人口的经济状况，到在匿名网络空间中验证个人身份，不胜枚举。在电影《拜见岳父大人》中，罗伯特·德尼罗扮演的角色还说起过"信任圈"，真是颇具讽刺意味！
6. C. S. Lewis, op. cit.
7. 感谢约翰尼·刘易斯授权我使用他的话。
8. Diana Chapman Walsh, "Cultivating Inner Resources for Leadership," in Frances Hesselbein, ed., *The Organization of the Future* (San Francisco: Jossey-Bass, 1997), p. 300.

第3章 探索真我：内在真我的暗示

1. Mary Oliver, "Maybe," in Robert Bly, ed., *The Soul Is Here for Its Own Joy: Sacred Poems from Many Cultures* (Hopewell, N.J.: Ecco Press, 1995), p. 15.

2. Thomas Merton, *The Inner Experience* (San Francisco: HarperSan-Francisco, 2003), p. 4.
3. Mary Oliver, "Low Tide," *Amicus Journal,* Winter 2001, p. 34.
4. 我在我的另一本书《与自己的生命对话》的第四章中详细讲述了我是如何走出抑郁症的。
5. Erica Goode, "Making Sense of Depression," *Oregonian,* Feb. 9, 2000, p. B1. See also Randolph M. Nesse, "Is Depression an Adaptation?" *Archives of General Psychiatry,* 2000, *57,* 14–20.
6. Robert Pinsky, trans., *The Inferno of Dante* (New York: Noonday Press, 1994), I:1–7.
7. W. H. Auden, "Under Which Lyre," in Collected Poems of W. H. Auden *(London: Faber & Faber, 1946).*
8. 德国数学家、天文学家奥古斯特·费迪南德·莫比乌斯于1858年发现了莫比乌斯带。它的数学方程式被称为莫比乌斯变换或双线性变换。
9. T. S. Eliot, "Four Quartets: Little Gidding," in *The Complete Poems and Plays, 1909–1950* (New York: Harcourt, 1952), p. 145.

第4章　一起独处：独处的社群

1. Robert Bly, *The Morning Glory: Prose Poems* (New York: HarperCollins, 1975), epigraph.
2. "我是谁的？"这个问题与"我是谁？"同样重要，这是我在与道格拉斯·斯蒂尔（Douglas Steere，已故）交谈时得到的启发。斯蒂尔是哲学家、作家，曾在哈弗福德学院任教。
3. Dietrich Bonhoeffer, *Life Together* (New York, HarperCollins, 1954), p. 78.
4. See Igumen Chariton of Valamo, *The Art of Prayer: An Orthodox Anthology* (London: Faber & Faber, 1997), pp. 110, 183.
5. Rumi, "I Have Such a Teacher," in Bly, *Soul Is Here,* p. 160.
6. Rainer Maria Rilke, *Letters to a Young Poet,* trans. M. D. Herter

(New York: Norton, 1993), p. 59.
7. Nikos Kazantzakis, *Zorba the Greek* (New York: Simon & Schuster, 1952), pp. 120–121.
8. 我在《教学勇气》一书中使用过这个故事。在本书中，我从不同的角度，出于不同的目的重新讲述了这个故事。

第5章　为内在之旅做准备：创建信任圈

1. See Chapter IV, note 2.
2. Thomas Merton, "The General Dance," in McDonnell, *Thomas Merton Reader,* pp. 500–505.
3. 关于季节这个隐喻，请参阅《与自己的生命对话》第四章，里面有更全面、更个性化的思考。
4. Derek Wolcott, "Love After Love," in *Collected Poems, 1948–1984* (New York: Noonday Press, 1987), p. 328.

第6章　委婉地说出真相：隐喻的力量

1. May Sarton, "Now I Become Myself," in *Collected Poems, 1930–1973* (New York: Norton, 1974), p. 156.
2. Emily Dickinson, loc. cit.
3. T. S. Eliot, Nobel Prize acceptance speech, 1948.
4. 这一章没有论述带领人在使用第三事物时需要考虑的一些重要事项，因为本书不是一本带领人使用手册。下面我举例简要说明几个重要事项：从各种各样的文化中寻找第三事物，确保没有人觉得自己被排斥。第一次使用第三事物时，应该从信任圈里不太可能涉及的文化中选择，这样就没有人会为自己的立场辩护；如果你选了一个具有某种文化背景的故事，而信任圈里有了解这个文化的人，你可以邀请他们像对待第一个故事一样，以开放和好奇的态度对待这个故事。使用简短易懂的诗歌或故事，这样人们就不会在理解文本上浪费时间，而是把宝贵的时间用在理解自己上。只使用对你自己有启发、你作为带领人时觉得对他人也有启发的第三事物。
5. 本书使用的《梓庆削木》选自托马斯·默顿编著的英文版《庄子》。我第一次谈到这个故事是在《积极的生活》第四章。
6. 如果你读过罗伯特·波西格写的《禅与摩托车维修艺术》，你就知道为什么我会在这里提到机械师。

第7章　内心深处的对话：学会聆听和讲述

1. William Stafford, "A Ritual to Read to Each Other," in *The Way It Is: New and Selected Poems* (Saint Paul, Minn.: Graywolf Press, 1998), p. 75.
2. Nelle Morton, *The Journey Is Home* (Boston: Beacon Press, 1985), pp. 55–56.
3. Barry Lopez, *Crossing Open Ground* (New York: Scribner, 1988), p. 69.
4. 我在《教学勇气》一书中探讨了"好案例—坏案例"的方法。之后我认识到，遵循澄心委员会的基本规则（针对案例提出诚实的开放式问题），并尊重该规则背后的精神，处理"坏案例"时就会变得更加容易。本书第8章对此进行了解释，另请参阅理查德·阿克曼（Richard Ackerman）所著的《受伤的领导者》，了解如何使用他说的"案例故事"。
5. 我所说的"激情"不是指挥舞着双手高声喊叫，而是指内心深处的情感，从欢乐到痛苦，从恋人之间的炽热情感到对信仰的虔诚都是这种情感，这样就回到了对这个词根本含义的理解。基于这种理解，耐心也是激情，是"永恒的对话"所需要的美德！

第8章　带着问题生活：探索真相

1. Rilke, *Letters to a Young Poet*, p. 35.

2. 在信任圈里设立澄心委员会有时候需要计算一下。信任圈不超过 7 人时可以让全员都参加同一个澄心委员会，其中一人作为当事人。但人数比较多的信任圈需要有好几个人报名做当事人，才能让每个人都能参加澄心委员会，而不会出现某个委员会人数过多或过少的情况。例如，一个 17 人的信任圈需要 3 人报名做当事人，24 人的信任圈需要 4 人报名做当事人。在人数比较多的信任圈同时设立数个澄心委员会的情况下，由信任圈的带领人安排各个委员会的成员，而不是让各个委员会的当事人自己选择，因为澄心委员会是在信任圈内设立的组织。在安排成员之前，带领人让每个当事人提供两份名单：一份写的是他特别希望加入委员会的人，另一份是他不希望加入的人。带领人尽可能把第一份名单上的人安排到当事人的委员会中，并且保证委员会中没有第二份名单上的人。
3. 感谢杰克·佩特拉什（Jack Petrash）授权我使用他的话。
4. 非常感谢已故的弗吉尼亚·肖里，这位鼓舞人心的勇敢女性生前将这些文字寄给了我并授权我使用。她的丈夫罗斯科·肖里（Roscoe Shorey）授权我在书中使用她的名字，在此一并感谢。

第9章　笑声与静默：一对并不奇怪的搭档

1. 我在网上搜索时，发现这句话有多个出处，所以也许我应该对它的出处保持沉默！
2. Helen Thurber and Edward Weeks, eds., *Selected Letters of James Thurber* (Boston: Atlantic/Little, Brown, 1981).
3. David M. Bader, *Zen Judaism: For You, a Little Enlightenment* (New York: Harmony Books, 2002), p. 75.
4. Rachel Remen, *My Grandfather's Blessings* (New York: Riverhead

Books, 2000), pp. 104–105.

5. Boniface Verheyen, trans., *The Holy Rule of St. Benedict* (Atchison, Kans.: Saint Benedict's Abbey, 1949), ch. 4, no. 47.

第10章　第三条道路：日常生活中的非暴力方式

1. Rumi, "Quatrain 158," in John Moyne and Coleman Barks, trans., *Open Secret: Versions of Rumi* (Santa Cruz, Calif.: Threshold Books, 1984), p. 36.

2. Deuteronomy 30:19.

3. 在越南战争期间，有佛教团体努力促成交战双方和谈，我第一次从他们那里听到"第三条道路"的说法。最近一次看到这个词是在沃尔特·温克（Walter Wink）的文章《非暴力抵抗：第三条道路》（Nonviolent Resistance: The Third Way）中，这篇文章转载自2002年冬季出版的 *Yes! A Journal of Positive Futures*，原标题为《爱能拯救世界吗？》。

4. David S. Broder, "Promising Health Care Reform Passes Almost Unnoticed," *Washington Post,* Apr. 9, 2003.

5. William Sloane Coffin, "Despair Is Not an Option," *Nation,* Jan. 12, 2004.

6. E. F. Schumacher, *Small Is Beautiful: Economics as if People Mattered* (New York: HarperCollins, 1973), pp. 97–98.

7. Mary Oliver, "When Death Comes," in *New and Selected Poems* (Boston: Beacon Press, 1992), pp. 10–11.

A HIDDEN WHOLENESS

| 《内在之光》实践指南 |

卡里尔·胡尔蒂希·卡斯本（Caryl Hurtig Casbon）
萨莉·Z. 黑尔（Sally Z. Hare）

两位作者和帕克·帕尔默非常感谢礼来基金会对本指南的制作和出版所提供的慷慨支持。

第一部分：从内心领导

10多年前，我们两人开始带领信任圈®静修会。最近，我们的朋友、同事帕克·帕尔默邀请我们编写一本指南，供那些希望利用《内在之光》中介绍的原则和方法带领读书小组学习《内在之光》的人使用，我们感到非常高兴。我们深知读书活动的力量，所以很高兴能与大家分享我们的一些心得。希望这份指南能让你在带领读书小组时，将书中的内容和精神活学活用，进而帮助小组成员将这种体验带入他们的实际生活。

在开始分享之前，我们想明确两点。第一点，这里说的读书活动与通常意义上的"读书会"所做的不一样。当你们一起学习《内在之光》，在这个过程中接触这些观点并慢慢接受这些观点时，你们是在研究自己！这本书讲述的是我们下决心"不再割裂地"生活。所以，你们带领的读书小组不是从学术角度探索"这本书讲了什么观点？我对这些观点有什么看法？"，而是在"我到底是个什么样的人，对此我是怎么想的？"这个问题的激发下进行的一次个人探索。与带领人们研究文本相比，带领人们探索内心深处的想法需要不一样的情感和技能。

我们想明确的第二点同样重要。我们希望，阅读这份指南并根据书中的原则带领读书小组能提高你带领小组的能力。但是，仅凭指南和书本，你还没有做好准备使用勇气与新生中心所开发的信任圈®来带领深度静修会（勇气与新生中心是帕克·帕尔默参与开发的一个非营利组织）。该中心非常重视带领者的道德责任，在选择和培训带领者时非常谨慎。带领者的技巧和感受力是该中心对信任圈®方法进行"质量控制"的主要手段；只有该中心培训出的带领者才能使用经过注册的"Circle of Trust"方法。

不管以什么方式带领信任圈，带领者都必须明白，首先必须把自己的内在功课做好，将《内在之光》中所阐述的原则和做法融入自己的生活，然后再把这些原则和做法教给其他人。本着这种精神，我们请你思考下面的问题，你也可以找一位值得信赖的朋友讨论这些问题，评估一下自己有没有准备好带领读书小组。请问问自己：我是否准备好了面对小组中错综复杂的各种问题，以平静的心态和强烈的自我意识为小组服务？

人们很容易就能判断出一位带领者是否有能力应对难相处的

性格、冲突、权力斗争以及各种形式的分歧。面对这样的要求，带领者必须能够从活动中"抽离出来"，冷静地解读小组里的人和活动，不把自我卷入其中，同时满足小组随时变化的各种需求。但这里存在一个重要的悖论。即使是处于"抽离出来"的状态，信任圈的带领者也必须参与其中，以免其他小组成员觉得带领者在读书活动中与他人保持距离，不愿承担打开心防的风险，而让小组成员承担。

> 在《内在之光》中，帕克·帕尔默用"信任圈"来统称一系列活动，包括两三个人的读书会、互助会和正式的静修会。注册名称"信任圈"®指勇气与新生中心选拔和培训出的带领者带领活动时使用的方法。勇气与新生中心位于华盛顿州班布里奇岛，已为美国30个州、50个城市以及加拿大和澳大利亚的一些城市培养了超过175名带领者，为达拉斯-沃斯堡、波士顿和华盛顿州的附属项目提供了支持。自1997年以来，该中心在静修活动中为超过2.5万人提供了服务。

但是，即使带领者把自己的生活带入信任圈，他们也必须省身克己、富有专业精神，不要"吸光房间里所有的氧气"。更重要的是，做这样的带领者要求我们在信任圈之外处理自己的创伤，因为我们都知道，未经转化的痛苦会传播给他人。如果我们利用信任圈来处理自己的黑暗，或者更糟糕的是，不自觉地将自己的黑暗投射到参与者身上，那么我们是无法做好带领工作的。勇气与新生中心的认证带领者会遵循一条很简单的规则："我们和服务对象一样需要信任圈的活动。但是，如果我们在很大程度上依赖信任圈的活动才能做好带领工作,我们就无法为参与者提供服务。"因此,请问问自己:我是否有能力在信任圈之外做好自己的内在功课,从而既能参与其中,又能很好地带领活动?

作为勇气与新生中心的认证带领者,我们一切言行的核心是自己的信念,即"我们是什么样的人是带领过程中最重要的东西"。我们这些带领信任圈的人都知道,只有那些以整全为基础、秉持内在之光的人带领的信任圈才是安全的。作为信任圈的带领者,你的个性和整全是你能给予的最重要的品质。你是什么样的人是一切的起点:你全心全意的关注和你对自己立足点的清晰认识,为信任圈中可能发生的事情定下了基调。

当然,选择用什么样的内在修炼方法来找到自己的立足点是因人而异的事情。不过,很多方法都可以让那根"通往谷仓的绳子"保持结实,其中一些常用的方法是定期让自己放慢脚步、独处、静默、在日记中反思、亲近大自然。问问自己:哪些方法最适合我、能支持我的内在功课,如何才能坚持这些方法?

最后,我们这些认证带领者认识到,拥有值得信赖的同事和朋友是至关重要的,他们可以挑战我们,帮助我们创建信任圈。不"单打独斗"是非常明智的行为。我们鼓励你找一个伙伴一起成立和带领读书小组。信任圈的目的是创建一个社群,因此,最好找一些志同道合的人一起筹划和创办读书小组,他们有同样的信念,会说出真相,会分享反馈,并通过相互觉察使我们保持正确的方向。而且这样做也更有趣!因此,请再问自己一个问题:我想与谁合作创办读书小组?

倘若你觉得自己已经准备就绪,那就可以阅读本指南的第二部分，第二部分为小组反思和讨论逐章提供了建议。第三部分是一些故事，这些故事的主人公在参加信任圈后，用各种各样的方式把信任圈"带回家"，将信任圈的原则和做法内化，并将它们融入家庭生活、工作场所和社群。

感谢你在信任圈的规则和目标上与我们同声相应、同气相求。衷心祝愿你带领读书小组的时光是一次有意义、值得信赖和快乐的旅程！

第二部分：《内在之光》逐章指南

《内在之光》主要讲的是在信任圈的支持下，踏上通往整全人生的旅程。信任圈是一个"独处的社群"，在这里，人们聚集在一起，让每个参与者都有机会聆听内在导师的声音并相互学习。以下是以信任圈的方式设计和带领读书小组的逐章建议。我们的建议建立在这样的假设上：读书小组在 10～12 周内每周聚会 1～2 小时，你可能需要根据小组的情况和你的带领风格做一些具体的调整。

每个加入读书小组的人都必须清楚地知道读书小组要做什么，并在此基础上自愿加入小组，这是极其重要的事情。这不是那种常见的读书小组！本着正在研读的这本书的精神，读书小组会邀请参与者在小组里寻找自己的内在之光，如果参与者不理解他们要做什么，那么他们会抵制或破坏这些活动。所以当你邀请他人加入读书小组时，你必须把这个读书小组和他们所知的其他读书小组有何区别讲得特别清楚。我们在前面说过，两者关键的区别在于，参加这个读书小组的人不仅研读这本书，还要研究自己，他们需要事先清楚这一点。如果不清楚这一点，就很容易遇到麻烦！

在逐章阅读《内在之光》之前，我们先来看一下创建信任圈读书小组与传统的读书小组有什么不同，包括带领者的角色：

- 在信任圈读书小组中，带领者不像传统的读书小组组长那样讲解书里的内容。带领者的角色是创造安全的空间，让参与者可以将观点与自己的经验对应，探索书中的主题就是在探索自己的生活。你要做的不是"讲解"每一章的内容，而是创造条件，让参与者借助合适的第三事物、细致的流程和真诚的开放式问题，用《内在之光》中的方法来倾听自己内心的声音，倾听自己的内在智慧。我们在这里不要问"你认为作者想表达的意思是什么？"之类的问题。（你可能需要重读一下书中帕尔默关于他如何回应一位研究梅·萨顿诗歌的专家的内容。）
- 信任圈读书小组的带领者也是参与者，也就是说带领者不是作为"管理者"置身于活动之外，而是与其他小组成员一起进行自我探索。带领者同时必须始终牢记自己的责任，并愿意履行这一责任。带领者必须让小组成员知道，自己在密切关注着他们以及他们的意见（包括不能让一两个人主导活动），也在密切关注着活动的议程、时间表、界限和探索目标，从而让小组成员有安全感。带领者还必须让小组成员有一种时间很宽裕、不急不躁的感觉，让整个活动从容不迫地进行，而不是用一长串议程把活动安排得满满当当。

- 信任圈读书小组使用《内在之光》里的材料作为第三事物。信任圈达成某个目的的方法是关注一个重要的话题，就像帕尔默在书中所写的，害羞的内在真我在借助第三事物这个间接的方法时会做出最理想的回应。在这本指南中，我们就如何把书中的观点、诗歌和故事用作第三事物提出了一些建议。

- 信任圈读书小组中的对话不探讨对错或是否。在传统的读书小组中，问题通常是这样的："你同意作者关于某个问题的观点吗？"在这里，我们使用真诚的开放式问题，没有人有"正确"的答案，我们发言是为了表达而不是争论对错。我们不问参与者是否同意书中或其他成员的观点，而是让问题和材料唤起他们对自己经历和生活的共鸣。在接下来的几页中，我们会提供一些问题，帮助你创建并维持这种自我探究的空间。

- 可以不按顺序阅读《内在之光》。为了让小组成员对书中某些内容有更深入的体会，你可能需要带领小组重温某些章节，或在某些章节上面多花费一些时间。你可以不按顺序介绍书中的部分内容，例如，你可以在一开始的一两次小组活动中引入第5章的一些内容，这一章阐述了带领者的角色和信任圈所需的空间，这样小组成员就能理解并支持你创建和维持信任圈。

- 与在生活中一样，在信任圈读书小组中，我们要遵从本心。接下来是一些关于如何设计读书小组的建议，我们希望这些建议不仅能够帮助你带领小组，还能启发你想出一些自己的主意。为了保护读书小组以及小组中每个人的整全，我们对于如何带领活动有一些明确和重要的指导原则，但在这些界限内，你必须根据真实的具体情况进行调整。你作为带领者的权威对创造安全的空间至关重要，在某种程度上，只有小组成员认为你知行合一，他们才会认可你的权威。

在开始之前，我们还想说一件事：建立信任圈要秉承"少就是多"的原则。本着这个原则，我们建议读书小组的每次活动都采用以下简单的四个步骤，我们将在后面各章的建议中详细说明这些步骤：

- **欢迎和反思**。欢迎环节对于确立友好的基调非常重要。朗读某些简短的内容，然后安排一两分钟的静默，可以帮助小组成员融入这个空间。虽然在我们的文化中，静默是一种稀缺品，也会让很多人感到紧张，但静默是自我反思的重要因素，也是信任圈的重要组成部分。
- **阅读原则**。稍后，我们将提供一套原则，帮助你为信任圈划定清晰的界限，为内在真我创造安全的空间。
- **开放和自愿的小组分享**。每次活动的一个重要部分是"一起独处"，小组成员有机会倾听和被倾听，听到自己对信任圈说出自己的想法。

- **结束信任圈**。我们用"感恩之语"来结束信任圈：小组成员静默，然后简短地谈谈他们在共处期间获得的感悟，或者他们在小组活动结束时的感受。在这个环节也可以朗读一段结束语。

序幕　世界的暴风雪

欢迎和反思

第一次活动对于确定小组的文化和基调尤为重要。建立信任圈并使心灵安全的做法往往与主流文化的做法相反，因此你需要要求小组成员抛开他们通常的相处方式。

在第一次活动的欢迎环节，我们建议你非常清楚地说明本小组与传统的读书小组的不同之处，就像你邀请新人参加读书小组时那样。在活动之前，你要向大家说明每次都要带着笔记本来参加活动，并且强调笔记本主要是用来记录内心的反思，而不是记录带领者或其他成员说了什么。（在开始反思之前，你可能需要阅读书中关于如何记录自己话语的部分。）

朗读序幕。鉴于目前国际社会在经济、环境和领导力方面正面临诸多挑战，你可以指出序幕在这些方面的前瞻性。然后请小组成员在接下来的 10 分钟里，静静地思考帮助我们在人生的暴风雪中找到回家之路的"绳子"是什么，并写下来。以下是一些真诚的开放式问题，供小组成员反思和书写笔记时参考：

- 你经历过真实的暴风雪吗？真实的暴风雪是什么样子的？

- 用暴风雪来做比喻，你的人生中经历过什么暴风雪？
- "家"对你来说是什么？
- 谁或者什么是帮助你找到回"家"之路的绳子？

阅读原则：制定讨论的基本规则

《内在之光》第 5 章强调了在信任圈中明确界限的必要性（你应当建议小组成员阅读相应内容）。下面是勇气与新生中心在信任圈中使用的准则。建议你的读书小组里人手一份，并在每次活动时朗读：

信任圈准则

- 彼此友好相待。在友好的环境里学习效果最好。在信任圈里，我们彼此友好相待，以此来促进每个人学习。
- 尽可能地全然投入。在信任圈里，全然地体验你的疑虑、恐惧、失败、信念、喜悦、成功，认真倾听和发言。
- 信任圈邀请而不是要求小组成员发言。这不是那种"非分享不可"的活动！在信任圈的静修会上，内在真我召唤你做什么，你就做什么，并且记住不管你做什么，我们都会支持你。你的内在真我比我们更了解你的需要。
- 在尊重他人真实想法的基础上说出自己的真实想法。我们对现实的看法可能不尽相同，但在信任圈中说出自己的真实想法并不意味着解释、纠正或与他人争论。发自内心向着信任圈的中心说话，相信人们会自己进行筛选。
- 不解决，不拯救，不建议，不纠正。对我们这些以帮助他人为职业的人来说，这是最困难的规则之一。但如果我们想创造一个欢迎内在真我（内在导师）的空间，这也是最重要的规则之一。

- 学会用真诚的开放式问题来回应他人，而不是劝告或纠正。在这些问题的帮助下，我们可以帮助"彼此听到内心深处的声音"。
- 遇到困难时，用好奇的态度来对待他人。如果觉察到自己开始评判或防御，那就问问自己"我想知道，是什么让她产生了这种想法？"，或"他现在的感受是什么？"，或"从我的反应中，可以看出我是什么样的人？"。抛开评判，更深入地倾听他人和自己。
- 关注自己的内在导师。毋庸置疑，我们要向他人学习。但是在信任圈里探讨诗歌、故事、问题和静默，是一个向自己的内在导师学习的特殊机会。因此，请密切关注你自己的反应和回应，关注你最重要的导师。
- 相信静默，从静默中学习。在这个聒噪的世界里，静默是一份礼物。静默本身也是学习的一种方式。将静默视为团体中的一员。有人发言后，花点时间思考，不要立即说话来填补空间。
- 严格遵守保密原则。只有知道小组成员会尊重彼此的秘密，认真遵守隐私和审慎方面的道德规范，才有彼此间的信任。
- 你要知道，不管你刚来信任圈时需要什么，你离开时都可能会收获它。你要知道，在这里播下的种子会在未来的日子里继续生长。

小组分享

虽然读书小组的成员们可能互相认识，但我们可以借此机会引入一种与主流文化相反的自我介绍方式，也就是不介绍我们的职业、我们在哪里工作，即外在的自我或社会角色，而是介绍我们的内在自我。我们也可以借此机会说明信任圈里做什么事情都是通过邀请的，而不是"非分享不可"。你可以邀请想发言的人分享自己对绳子或暴风雪的思考。准备好的人可以发言，我们从来不会要求信任圈的成员们齐头并进，迫使每个人都发言，而是让大家在想发言的时候再开口说话。

结束信任圈

邀请每个人讲述本环节对自己的意义，结束本次读书活动。

第1章 整全的意象："不再割裂地"生活

欢迎和反思

以道格拉斯·伍德关于短叶松的话开始本次活动。然后，请参与者花10分钟静静地思考以下问题，也可以把答案写下来：

你觉得自己在工作和生活的哪些方面最整全？在哪些方面你能感觉到因为"能做自己"而带来一种整全感？

在哪些方面你感到最割裂，"我们与自己的内在真相是如此之远，以至于我们认识不到'生命本来的整全'"？

阅读原则

不管用什么方式，我们建议你每次活动都读一下信任圈原则，清楚地意识到你是在有意识地设置界限，为内在真我的到来创造安全的空间。每当你看到"阅读原则"的提示时，你可以用不同的方式来阅读原则。有时候你可以朗读全部原则，或者邀请小组成员朗读原则；有时候你可以挑几条原则重点读一下；有时候你可以邀请几位小组成员谈一下哪条原则对他们来说特别重要。

小组分享

请小组成员两两一组，用 10 分钟谈谈刚才思考或写笔记时的感悟，并提醒他们不是"非分享不可"，他们只有在自己愿意分享时才分享，没有人强迫他们分享。这不是通常的对话，而是其中一人不间断地发言 5 分钟，另一人认真倾听，不得打断。时间一到，所有人重新聚在一起，听取想分享的人发言，同时提醒大家只说自己的感想，不要引用伙伴的话。

结束信任圈

在结束分享后，让小组成员思考信任圈所需的条件，了解一下他们刚才体验过的信任圈的环境。

本章备选话题

可能你想做一些与我们所设计的内容不一样的事情、想延长每次活动的时间，或者想把读书活动扩展到 10 次以上（这本指南只提供了 10 次读书活动的设计），我们特地为每一章提供了一些备选话题，供你选用。以下是第 1 章的备选话题：

1. 约翰·米德尔顿·默里说的"整全比善良更重要"对你来说意味着什么？讲一讲在你自己或者你认识的人身上如何体现这一观点。

2. 重新读一下这几句话："'独自屹立在岩石上'的短叶松是我心目中极美的形象之一。但是，比短叶松更美的形象是一个整全的人，例如罗莎·帕克斯、纳尔逊·曼德拉，或者不出名但令你心存感激的某些人，从他们身上，你窥见了当人们拒绝割裂的生活时所散发出的那种美。"读到这里时，你想到了谁？想到那个人时，你想到了他的哪些品质？与他相识对你有什么启发？这样的品质会对世界产生什么影响？

第2章　跨越鸿沟：内在真我与社会角色再次合一

欢迎和反思

请成员们翻开《内在之光》第 2 章，你或其他小组成员朗读"真实的社群"一节中关于内在导师以及通往内在真相的旅程过于艰难而无法独自完成的悖论的内容。读完后安静地思考几分钟。

本章中有几个段落可以作为非常理想的第三事物，用以唤起童年记忆、倾听自身天赋和自己内心的呼唤。本章提到我们小时候为了保护自己，会本能地过起割裂的生活，以及我们如何处理内在真我和社会角色之间存在的令人痛苦的鸿沟。你可以朗读其中一两个段落，然后邀请小组成员用大约 10 分钟思考并写下他们小时候是如何玩耍的。可以用以下问题作为思考或记笔记的框架：

- 回忆一下你小时候最常去哪里玩，是大自然、自己的房间，还是后院？有没有最喜欢的游戏、朋友（真实的或想象的）、玩具和故事？有没有充满游戏和想象的秘密生活？童年玩的游戏体现了你哪些天赋或兴趣？
- 你现在怎么玩？有没有突然发现童年的游戏和兴趣以某种方式延续到了成年？不管有没有，请将你成年后的游戏和想象与童年时的游戏和想象相比较，你有什么感觉？

阅读原则

阅读信任圈原则。

小组分享

邀请小组成员发言，讲一下自己的某段童年记忆或书写时的感悟。提醒大家发言是自愿的，不是必须发言。建议大家在倾听时留意在这些童年回忆和经历中有没有隐藏着天赋或人生方向的暗示。邀请大家用几分钟写一下是否有什么事情或什么人让自己抛弃了自己与生俱来的天赋。

结束信任圈

在自愿发言的人分享完自己的感悟后，邀请另一些人朗读那个在静修会上与种族主义做斗争的故事。之后结束信任圈，用朗读的方法结束这次活动可以为接下来的两次活动提供过渡。

本章备选话题

1. 那位意识到自己应该对土地负责的人的故事也可以作为第三事物，帮助小组成员回忆自己的经历。朗读这个故事，然后邀请成员们用 10～15 分钟写下他们对这个话题的思考：

想一想你认识的哪个人曾经像这位前农夫一样表明自己的立场，决定"不再割裂地"生活，清楚地知道自己应该对土地负责？这个人可能是你的孩子、同事或合作伙伴，也可能是你自己，把这段重新达到知行合一的经历写下来。

然后请愿意分享的人与大家分享他的经历或感悟。

2. 在本章中，我们读到了我们是如何通过陷入否认、模棱两可、恐惧、怯懦和贪婪这些熟悉的逃避模式来对抗整全的。读完这些选段后，邀请大家写下对这个问题的思考：你是否见过自己、朋友、伴侣、孩子、同事或同龄人过着割裂的生活？无须写出那个人的名字，描述一下自己或那个人的行动、言语、行为和感受中体现出的割裂即可。

第3章　探索真我：内在真我的暗示

欢迎和反思

阅读"灵性基因"这一段，然后邀请小组成员回忆并写下他们从小拥有的天赋和品质，也就是他们的灵性基因。上一次读书活动时，他们可能在写下童年的游戏这个环节就发现了自己的天赋。还要注意的是，我们可以通过回忆熟悉的人对我们说过的一些话，从中找出一些启示，例如"你的直觉很敏锐""你对他人的话洞见很深"或者"你太有创造力了"。留出一些时间来思考以下问题并写下答案：

- 你觉得你与生俱来的天赋，也就是你的灵性基因是什么？
- 别人经常说你有什么天赋？

阅读原则

阅读信任圈原则。

小组分享

要求小组成员分享刚才想到的天赋及其看法。接下来继续探索真我，朗读书中关于真我的部分。你在让大家书写和讨论的时候可以参考以下问题：

- 你如何培养真我？在什么境况下你的内心感到幸福？你渴望得到和需要哪些东西才能茁壮成长并指引你的人生？
- 在哪些力量的共同作用下，你的内在真我的声音和渴望受到了压制？你是如何屈服于一些力量，压制了自己的内在真我的声音，贬低了自己的存在？你有过这样的经历吗？

结束信任圈

在信任圈里分享领悟后结束。

本章备选话题

1. 如果你想进一步探讨莫比乌斯带，可以邀请小组成员自己做莫比乌斯带，设定莫比乌斯带的四个阶段，给小组成员足够的时间来反思莫比乌斯带上的生活的每个阶段。可以结合以下问题：

- 当我的内在生活和外在生活合二为一时，我有意识地用哪些方式创造了一些滋养生命的东西？在什么条件下最有可能出现这种情况？

- 当我的内在生活和外在生活合二为一时，我有意识地用哪些方式创造了一些带有毁灭力量的东西？在什么条件下最有可能出现这种情况？
- 在我生命中的哪些阶段或哪些情况下，我想方设法躲在墙后，而不是有意识地在莫比乌斯带上过创造性的生活？

2．首先朗读玛丽·奥利弗对内在真我的理解，然后用纸条演示莫比乌斯带的四个阶段。现在给每人一张纸条和一卷胶带：

- 朗读《内在之光》中关于第一个孙辈的故事，请参与者在纸条的一面写下他们与生俱来的三四种天赋。
- 然后请参与者在另一面写下几个描述他们从事的工作的词或短语。
- 现在，请他们每个人将自己的纸条做成一个莫比乌斯带，注意莫比乌斯带的两面能无缝衔接，每一面都能变成另一面。

3．写下你知道自己的内在生活和外在生活在莫比乌斯带上合二为一的时候。写下你的内在生活和外在生活彼此远离、你觉得自己活得很割裂的时候。

第4章　一起独处：独处的社群

欢迎和反思

本章讲述了在社群中独处的悖论，我们既需要独处来滋养我们的生命，也需要社群来帮助我们聆听灵魂的声音。请小组成员们 10～15 分钟写下对以下问题的思考：

- 你是否曾身处这样的社群、团体或关系，它们"侵犯或者威胁到了你的内在真我"，让你的内在真我不得已只能躲藏起来？对于侵犯了你内在生活的这段经历，你想说些什么？
- 你是否曾身处对你的内在真我非常友善的社群、团体或关系？在这段经历中，是哪些因素让你的内在真我愿意走出来？

阅读原则

阅读信任圈原则。

小组分享

邀请小组成员 3 人一组，分享刚才在回答问题时的感悟。不过在分组分享之前，首先设定一些分享的准则。第一，每人分享 5 分钟，在这 5 分钟之内，其他两人尊重地倾听，不做任何评论，不提任何问题，不表示赞同或反对，不进行对话。第二，3 人都分享完毕后，一起思考在刚才的分享中，是否有哪些共同的让人心安或让人不安的地方。之后回到信任圈，分享见解或观察结果。

结束信任圈

邀请大家朗读本章中能引起他们共鸣的短语或句子，然后自愿分享这些词句触动他们的原因。最后，邀请大家就本次读书活动带给他们的启示发表看法。

本章备选话题

如果你想跟小组成员深入探讨,可以把下面的这些诗歌当作第三事物:

1. 维吉尼亚·萨提亚(Virginia Satir)的诗《接触》(Making Contact)。朗读这首诗,写下对以下问题的思考(你也可以自己提出几个问题):

- 这首诗哪里打动了你?
- 关于被他人看到或听到,或者看到或听到他人,你有什么样的体验?

推荐资源

向大家推荐由山姆·英特拉托(Sam M. Intrator)和梅根·斯克里布纳(Megan Scribner)编的《激情教学:激发教学勇气的诗》(Teaching with Fire: Poetry That Sustains the Courage to Teach)。这是一本特别好的诗集,收录了沃尔特·惠特曼、兰斯顿·休斯、玛丽·奥利弗、比利·柯林斯、艾米莉·狄金森和巴勃罗·聂鲁达等著名诗人的88首诗。每首让人回味无穷的诗后面都附有一位教师写的小故事,讲述了这首诗在他一生工作中的意义。

2. 威廉·斯塔福德(William Stafford)的诗《原本的样子》(The Way It Is)。朗读这首诗,并让大家思考以下问题:

- 在莫比乌斯带上有一条标记你的道路的线,你会如何命名它?
- 是什么或谁帮助你沿着这条线一直走下去?

第5章　为内在之旅做准备：创建信任圈

欢迎和反思

第 5 章探讨了信任圈的五个基本特征：清晰的界限、有经验的领导、开放的邀请、共同的基础和优雅的氛围。

请大家思考：在迄今为止的活动中，哪些信任圈原则和做法对小组成员最重要？用大约 10 分钟写下对以下问题的思考：

- 对你来说，信任圈的基本要素是什么？
- 对你来说，哪些做法对信任圈的成功很重要？哪些做法对你的心灵是友善的？

阅读原则

阅读信任圈原则。

小组分享

邀请小组成员思考并分享他们对信任圈做法的看法。他们认为建立信任圈不可或缺的要素是什么？从个人角度看，他们在使用这些原则和做法时希望自己在哪些方面有所提高？

结束信任圈

第 5 章也探讨了如何利用季节的隐喻为长期信任圈奠定共同的基础。在结束本次读书活动时，请每个人思考一个问题："我现在处于哪个季节？"请愿意分享的人在结束环节分享。

本章备选话题

1. 在勇气与新生中心的网站上,你可以找到更多面向各种专业团体的季节性长期信任圈的信息。

2. 朗读《与自己的生命对话》(Let Your Life Speak)一书第6章中适合这个季节的文章。然后请小组成员写下对以下问题的思考:

- 这个季节让我想起了什么问题或画面?
- 这篇文章中哪些地方触动了我?
- 我能从这个季节中学到什么?

第6章 委婉地说出真相:隐喻的力量

欢迎和反思

第6章介绍了让人们通过隐喻来了解内心世界的方法,这种方法是信任圈的核心方法,其要诀是仔细选择诗歌、故事、艺术品或音乐来作为第三事物。

阅读原则

阅读信任圈原则。

小组分享

虽然《内在之光》第6章里有很多如何在活动中使用《梓庆削木》的例子和想法,但仅凭阅读无法让小组成员真正体会这个故事。因此,请按照第6章所述的方式,让小组成员体验《梓庆削木》中所说的"鲜活的相遇"。读书活动开始前，请重读第 6 章，里面详细介绍了如何用《梓庆削木》作为第三事物。

朗读故事可以为读书活动营造一种反思的氛围并设定节奏。然后按照本章的建议，从下列问题开始讨论：

- 这个故事对你来说有什么意义？
- 它与你此刻的生活有何交集？

然后讨论每一节，用帕尔默建议的问题引导小组成员写下自己的思考或进行对话，你也可以自己提出一些问题与小组成员一起探讨。

结束信任圈

邀请小组成员分享他们在思考或讨论《梓庆削木》时的感悟，并提问：

- 这个故事对你来说有什么启发？
- 本次读书活动中的哪一点对你来说有意义？

本章备选话题

1. 邀请大家就以下问题写下自己的想法，然后两人或三人一组进行分享：

- 我的"鐻"是什么？
- 谁是我生命中的"鲁侯"？
- "树"是什么？
- 这个故事让我想到了哪些问题？

2. 用这种方式讨论一首对你有启发的诗。你可以选用玛丽·奥利弗的《旅程》(The Journey)或戴维·怀特的《甜蜜的黑暗》(Sweet Darkness)。

第7章 内心深处的对话：学会聆听和讲述

欢迎和反思

第 7 章探讨了在信任圈中说话和倾听的方式（这种方式所使用的规则通常与日常对话截然不同），并区分了工具性语言和表达性语言。

邀请小组成员用 10 ～ 15 分钟写一段有人试图给他们提建议、帮他们"解决"问题，或者他们试图给他人提建议、帮他人解决问题的经历，并且说明最后的结果是什么。

阅读原则

阅读信任圈原则。

小组分享

本章还指出了通过我们自己的故事来探索真相的力量，因此你可以邀请大家分享他们写下来的个人故事。

结束信任圈

分享这次读书活动中的感悟、感受和感激，之后朗读德里克·沃尔科特的诗《爱之后的爱》，邀请大家讨论"享用你的一生"的含义。

本章备选话题

1. 虽然在结束信任圈环节中已经朗读了《爱之后的爱》,但这首诗也可以用作第三事物。这首诗含义丰富,可以用像之前讨论《梓庆削木》那样的方式来进行讨论。你可能需要重读第6章,仔细注意与使用第三事物相关的部分,以及使用这首诗的建议。按照帕尔默在第6章中的建议,问小组成员:"这个故事对你有什么意义?它与你此刻的生活有何交集?有没有哪个词、短语或意象引起了你的共鸣?"

2. 如果你想让大家深入磨炼倾听的艺术,我们建议使用以下任意一首诗:威廉·斯塔福德的《倾听》(Listening)、哈菲兹的《我该如何倾听?》(How Do I Listen?)或约翰·福克斯的《当有人全身心倾听你时》(When Someone Deeply Listens to You)。

第8章　带着问题生活:探索真相

欢迎和反思

邀请大家静默几分钟,思考澄心委员会的理念是什么。

阅读原则

阅读信任圈原则。

小组分享

澄心委员会要求我们不要标榜自己知道怎样对他人最好,而是应该提出真诚的开放式问题,帮助他人自己找到答案。提出真诚的开放式问题需要练习，因此，如果你的小组决定举行真正的澄心委员会，那么你要提前创造机会，帮助参与者提高提问的技能。

首先朗读"恐惧后面的真相"一节，了解提出诚实开放性问题的指导原则。然后由一个人主动提出一个适合澄心委员会讨论的问题。因为大部分人都是第一次接触澄心委员会，很可能提出的问题不太合适，所以这个问题应该是针对当事人实际情况的问题，但又不能太个人化。例如，以下问题就太个人化："我想设置一门新课程，怎么设计最好？"或者："我下一个写作项目写什么呢？"澄心委员会通常用于探讨我们生活中更深层次的困境——家庭或工作场所中的问题、具有挑战性的人际关系，或者是对生活方式的严重担忧。不过在这里，你的目标是为小组提供一个练习的机会，同时又不会让那位当事人招架不住。

当事人首先陈述自己的困境，然后其他小组成员试着在笔记本上写下自己想向当事人提出的问题。之后大家轮流提问，每次提出一个问题，都让小组成员评价这个问题是不是一个诚实的开放式问题。如果不是，说出理由以及应该如何改进。当事人不必回答这些问题。要知道，这样做的目的是学习如何提出真诚的开放式问题，而不是解决困境。不过，由于当事人可能对看似具有引导性或咄咄逼人的问题特别敏感，你应该让他觉得自己可以随时轻松开口。

请小组中的某个人替当事人把这些问题写下来，以便他过后针对这些问题进行思考并记录。在结束本环节时，请小组成员反思他们在尝试提出此类问题时注意到了什么、觉得哪里难、从中学到了什么。学会提出真诚的开放式问题是一件要求比较高的事情，但培养这种能力有助于加深和加强很多关系。

结束信任圈

最后，朗读弗吉尼亚·肖里的故事，从"但这一切永远不会太晚"这一行开始。然后请小组成员分享他们对本次读书活动的感悟或反思。

本章备选话题

现在小组成员已经了解了需要关注什么、需要哪些技巧，他们可以决定自己是否已经准备好、是否愿意、是否有能力举行正式的澄心委员会。澄心委员会最少4个人、最多6个人，所以如果读书小组的所有成员都想参加澄心委员会，你需要根据读书小组的人数来决定有几名当事人。

作为读书活动的带领者，你的任务之一是为各个澄心委员会分配人员，你可以私下询问当事人不希望谁参加他的委员会，并且明确表示他们无须告诉你原因。你还需要确保有合适的私密场地，让几个澄心委员会同时进行。在澄心委员会开始之前，请参与者仔细阅读《内在之光》第8章，确保他们理解并能遵守核心原则和做法。书中有一个澄心委员会的时间表模板，用这个模板准备一份时间表分发给你的小组成员，以便在活动过程中为他们提供逐步指导。

整个过程共需要三个小时，第一个小时是带领者为小组工作做准备，解答问题和疑虑，后两个小时是澄心委员会实际开会所用的时间。在第一个小时中，先介绍澄心委员会会议的分步骤要点，请大家讨论他们的问题和疑虑，在会议开始前提醒他们要遵守"双重保密"这一极其重要的原则。

澄心委员会会议结束后，这次读书活动也就结束了。下次读书活动时，为了加深小组成员对澄心委员会会议的理解，最好拿出点时间询问大家上次会议的情况如何，但绝不要询问具体内容。

第9章　笑声与静默：一对并不奇怪的搭档

欢迎和反思

静默和笑声是信任圈的基本要素，也是任何有意义的人际关系的基本要素。在这个环节中，与小组成员一起反思静默和笑声在他们生活中和在读书小组中的作用。

由于静默是本次读书活动的主题之一，所以首先邀请大家一起静默 5 分钟。静默结束后，邀请小组成员写下对下面这些问题中的一个或多个问题的思考：

- 你如何描述自己与静默或笑声（或两者）的关系？
- 讲一个静默或笑声在你的社群或个人生活中发挥积极作用的故事，再讲一个静默或笑声产生负面影响的故事。
- 就你的体会来说，你认为静默或笑声在这个读书小组中起到了什么作用？

阅读原则

阅读信任圈原则。

小组分享

3人一组，时间为45分钟。每人发言15分钟，可以分享刚才写下的任何内容，其他两位听完后问真诚的开放式问题。

结束信任圈

读莱内·马利亚·里尔克的诗歌《我相信一切未曾说出的话》（I Believe in All That Has Never Been Spoken），或自选一首与这些主题相关的诗歌。最后，简要分享这次读书活动对每个人的意义。

本章备选话题

1. 我们每个人与静默的关系都各不相同，或许能够静默下来的能力也各不相同。生活在一种贬低静默的文化中，我们大多数人都需要培养自己静默下来的能力。请小组成员写一段"与静默的对话"，探索静默对他们的意义，可以像下面这样写：

自己：静默，你去哪儿了？我怀念曾经拥有你的日子。

静默：我一直都在等待着你的邀请，等待你邀请我进入你的生活。但我很久没有你的消息了，为什么呢？

自己：我本来想邀请你的，但一直拖着。我为什么害怕安静下来？

…………

用20分钟续写自己与静默的对话。然后请大家回到信任圈中，分享刚才写下来的对话。

2. 如果你想继续探索静默，可以使用《激情教学》中引用的聂鲁达的诗《静一静》（Keeping Quiet）。诗后所附的文章由凯瑟琳·格伯（Catherine Gerber）撰写，她说聂鲁达的静"不是与世隔绝的静，而是把我们联结在一起的静"。请大家写一下这两种静之间的区别，并回忆与此相关的经历。

第10章　第三条道路：日常生活中的非暴力方式

在你为带领《内在之光》最后一章的读书活动做准备时，你可以想想最后一次活动结束后会发生什么。你带领的读书小组在体验过信任圈之后，可能会开展一些新的探索。有些小组成员可能希望以相关材料为读本，继续定期参加读书活动。有些小组成员可能想跟其他人分享这种学习方式，与感兴趣的人一起成立新的读书小组。有些成员可能想报名参加勇气与新生中心举办的信任圈®静修会。这种静修会的目的不是培养带领者，而是让参与者进一步深入学习信任圈的原则和做法。

欢迎和反思

首先，朗读以第三条道路应对暴力的部分。给小组成员几分钟的时间回忆一下他们曾以这种方式应对困境的经历，然后再给他们5～10分钟把这段经历写下来。

阅读原则

阅读信任圈原则。

小组分享

邀请小组成员3人一组，在30分钟内分享他们对第三条道路的思考和相关故事。每人有10分钟分享他的所思所得，不可以进行对话。如果有人发言不够10分钟，请其他两位成员在剩下的时间里问真诚的开放式问题。

结束信任圈

小组分享结束后,邀请大家回到信任圈进行分享。首先请小组成员讨论如何将他们所理解的信任圈带入自己的生活和工作,之后思考这次信任圈活动对自己的意义,庆祝活动的结束。

本章备选话题

在悲剧性的鸿沟这个话题上,有很多地方可以进一步探讨。你可以带领大家阅读关于悲剧性的鸿沟、内心破碎的痛苦后果的内容,进一步思考这部分的意义。

鼓励小组成员思考他们生命中有哪些悲剧性的鸿沟,然后用15分钟写下来。写东西的时候可以参考以下问题:

- 在你生活、家庭、工作和社群的悲剧性的鸿沟中,你处于什么位置?
- 你如何命名这些鸿沟的张力?
- 是什么让你难以站在悲剧性的鸿沟中把握张力?哪些因素对你来说是有帮助的?
- 站在悲剧性的鸿沟中时,你如何保护自己的精神不受侵蚀?
- 在立于悲剧性的鸿沟中这件事上,你知道谁做得比大多数人都好,堪称这方面的典范?是什么品质让他能够做到这一点?

写完后,邀请大家在信任圈中一起相互分享。

第三部分：知行合一

> 你吹奏不出心里没有的东西。
> ——查理·帕克（Charlie Parker）⊖

现在，你和小组成员已经完整地体验了根据《内在之光》的观点设计的信任圈读书小组，你们可能正在积极地探索这样一个问题："我们如何将这些原则和做法带到信任圈之外，带入我们自己的生活中？"这个问题有很多答案。事实上，一旦体验过信任圈这种与人相处的方式，就很难再回到之前的方式，在任何关系中都是这样。

将这种生活方式带入外部世界并不需要我们去开办课程或带领静修会。我们只需要用新的方式去做以前的事情就可以了。例如，在商务会议上，我们可以问真诚的开放式问题，努力理解他人的观点，而不是简单地反对他说的话。对于我们的孩子或学生，我们可以更深入地倾听，提出问题而不是给出答案，并以好奇心而不是评判来回应他们的回答。

这样的做法可以给团体、机构和个体带来新的活力，因为这样做有助于建立信任，而当人们在工作中相互信任时，就可以共同努力把工作做得更好，不管什么样的工作都是如此。在任何情况下，我们都可以扪心自问：我的言行是在增进还是在破坏人与人之间的信任？我是否尊重了他人的内在真我？要知道，只有学

⊖ 查理·帕克（1920—1955），美国著名萨克斯演奏家。——译者注

会尊重自己的内在真我的人才能问出这些问题。

在过去十年主持信任圈®活动时，我们经常会问参与者："你参加信任圈后有哪些改变？你现在的做法有什么不同？"

以下是一些参与者的回答（也包括我们自己的回答）。在这本指南的最后，我们把这些参与者的口述实录呈现给你，希望它们能激发你和小组成员的想象力，在继续过着"莫比乌斯带上的生活"时，想出更多把信任圈的原则和做法带入外部世界的方法。

不完美世界中的快乐

萨莉·Z.黑尔是一名教师，也是勇气与新生中心的认证带领者，她参加信任圈之后觉得自己能够更专注、更用心和更有觉悟地生活，对于生活中事物的认识也更清晰了。

> 我对自己说什么、做什么、如何"存在"更用心。不管是做饭、遛狗还是写文章，我都能更专注于当下。在问问题、听别人说话、为自己创造空间、在日常生活中守护自己的内在真我等方面，我看到并感觉到了自己的变化。我仔细呵护我的人际关系，让它们尽量成为积极、有爱的关系，让我们相互提携、相互成长。
>
> 另一个重大变化是我更加明确应该对什么说"是"，对什么说"不"，这两者对我来说同等重要。从某种程度上来说，这种生活方式就是认识到生活的富足，拿出时间来反思我该感激什么并表达我的感激之情。我更加清楚地认识到，哪些东西能滋养我的生命，而哪些东西不能。我逐渐接受甚至拥

抱，生活在悲剧性的鸿沟中是人存活于这个世上、人之为人的必然结果。在以后的日子里，我会一直看到现实和理想之间的差异，但我无须绝望。我的任务是立于悲剧性的鸿沟中，在充满悖论的生活中把握两个极端。我不再像以前那样感到不知所措。这并不是说鸿沟消失了，鸿沟将永远存在。但我在混乱和悖论中获得快乐的能力增强了。我热爱我的生活。我热爱我所做的事情。我热爱此时此地我原本的样子。我喜欢生活在这个不完美的世界里。

冥想颂钵的隐喻

露丝·沙古丽（Ruth Shagoury）是一名师范领域的教授和作家，在加强班级联系、邀请学生讲述故事、分享诗歌、为静默创造空间方面颇有方法。尽管她认为她在高等教育领域的工作仍然存在一些困难，但她现在全身心地投入到课堂中，永远让自己活泼有趣和充满创造力。

> 我一直很喜欢诗歌和故事，我参加信任圈之后觉得自己现在可以把诗歌和故事作为教学的核心内容。最重要的是，将我教的东西与学生的生活和他们的内在之光联系起来。在学术界，学生们认为他们应该用一种有距离感的、学术的方式来写作；我则邀请他们用自己的语言、以自己的体验为基础来写故事。这样一来，班级成员之间的联系更密切了，学习也变得更加深入。
>
> 参加静修会以后，我告诉学生们在课堂上静默是可以

的。我把冥想颂钵带到教室，上课前敲响颂钵，等待颂钵发出共鸣，直到最后隐入无声。冥想颂钵是静修会的一个隐喻：它欢迎我们的到来，又欢迎静默，它是深入联结的一个过渡。颂钵的声音萦绕许久，你要学会安静地坐在那儿，等待声音传过来。这是一个悖论，这种声音让人安心，同时又让人兴奋。

教阅读理解课的时候，我没有大谈书籍在生活中的力量，而是先邀请学生们讲述一本书改变了他们生活的故事。一位女生讲到，有段时间她读不起大学，只能在餐馆当服务员，在那段时间里她读了《瓦尔登湖第二》⊖，因为读这本书的缘故她加入了一个公社，并在那里生活了五年！如果她不说，我们永远不会知道她的这段经历，她的经历说明了阅读会如何改变一个人的生活。

我会使用类似内奥米·希哈布·奈伊（Naomi Shihab Nye）的《肩膀》（Shoulders）这样的诗歌。《肩膀》写了一个男人背着一个小孩在雨中安全穿过繁忙街道的故事。我向学生提出真诚的开放式问题，这些问题也很有启发性，如："此时此刻，你肩负着谁？""你在工作和生活中背负着谁？"然后，我还会邀请他们讲述别人把他们"背"起来的故事。之后我们会分享写下来的故事。我记得有一位学生事后说，她无法想象自己会像这样讲述她的故事，也无法想象别人会像这样倾听她的讲述。

这个班里的另一位学生言语尖刻，很难相处。在阅读《肩膀》时，她讲了丈夫抛弃了她和六个孩子，她用中学教师

⊖ 《瓦尔登湖第二》是美国著名心理学家斯金纳写的一部乌托邦式小说，它以梭罗的名著《瓦尔登湖》为灵感，以行为主义心理学为基础，描述了一个虚构的小社会中的生活。——译者注

的薪水养育六个孩子的故事。她说，当她觉得自己快要崩溃时，是同事们把她"背"起来，给她带食物、慰藉她。学校里很多人不知道她家里发生了什么事情，但这些同事知道。她反思道，她的学生们也有自己的故事，但我们往往不知道。故事能让我们对彼此以及我们的学生产生同情心，体察到他们的需要。讲述自己的故事让平淡无奇的课堂变得特别起来，而真正的学习就此开始。尤其让我高兴的是，我看到学生们开始运用这些原则，并在上课的时候将这些原则传递给他们的学生。

我希望我能为学术界提供更多的建议——在这里工作不是很容易。我逐渐认识到，我们无法完全改变这些地方的文化，但我们可以运用更好的工具在这些地方工作和优化自己的应对方式。尽管我不像传统的学者那样教学，但我的自我怀疑减少了。从信任圈里学到的东西让我能更多地展现真正的自我，展现我的激情、创造力和有趣的一面。我不再躲避课堂。这就是我。

野鸭池塘中心的生活

费伊·奥顿·斯奈德（Faye Orton Snyder）认为信任圈由内而外地改变了她的工作。

信任圈带来的是实实在在的效果。我感到比以往任何时候都更加清醒。我告诉朋友们，我任何时候都觉得精力充沛。我的生活有一种安宁感，因为我尊重自己对静默的渴望，我会在大自然中度过更多的时间，每天写日记。

第一次参加静修会后，我意识到诚实和打破心防在我领导工作中的重要性。有时候人们可能像青少年一样不断试探你，直到他们知道你很真诚才停止试探。但一旦他们发现你是真诚的，他们就会接受你。这让我想起小时候在结冰的野鸭池塘上滑冰的情景。我和朋友们站在池塘边上，如果边上的冰面看起来不太结实，我们就不会滑到池塘中心。但其实池塘中心的冰比边上的冰结实得多。

比萨派对和镜子的力量

戴维·哈格斯特伦（David Hagstrom）是一位教育行业的领导者、顾问、作家和讲故事的人，他利用在信任圈中学到的方法，提升了自己倾听、"镜映"和提问的技巧。他还为内心孤独的学校领导者们创造了一个让内在真我感到安全的空间，使他们能够走到一起，支撑彼此。

> 沉浸式地运用信任圈的做法，尤其是通过提出真诚的开放式问题，以及在日常人际关系中提供"镜映"和肯定，使我的倾听能力得到了很好的锻炼。不管遇到谁，我都忍不住提出真诚的开放式问题。50多年来，我一直热衷于社群建设，但如果我能早点了解信任圈的做法，我的工作会更加高效。当别人跟我谈到他遇到的困难或问题时，一开始我会觉得我必须尽我所能地提供最有智慧的建议，但随即我会意识到，我能给予对方最好的礼物，是把我看到和听到的"镜映"回去。意识到这点后，我开始提供"镜映"，一开始他们的反馈很让我惊讶："从来没有人像这样给我当镜子。"

后来，他们会回来跟我说："你知道吗，你把你看到和听到的"镜映"给我，这对我解决问题最有帮助了。"在我当学校领导的50年间，没有比"镜映"更有效的方法了。我们钦佩那些堪称楷模的领导者，他们向我们示范如何做一个强大、顽强、伟大的领导者，但就推动我们沿着自己的道路前进而言，我发现唯一真正有帮助的方法就是信任圈的方法。自从加入勇气与新生中心的社群，我跟他人互动的方法不再是分享好主意或提建议，而是试着提出真诚的开放式问题（提出这种问题本身就是一门艺术），并且努力更好、更密切、更细心地去"镜映"我看到和听到的一切。

我对俄勒冈中部学校怀有很深的感情，于是我开始每月找一天在下午5点到8点邀请学校校长们来吃比萨、喝葡萄酒。起初这只是一个社交聚会，但我逐渐意识到，虽然聚在一起聊聊天很好，我们也可以顺便做点信任圈中会做的事情。学校领导们非常孤独，他们每天都要面对重大问题，往往还只能独自面对。我们先从一些简单的事情做起，比如如何问真诚的开放式问题，为彼此鉴别内心声音提供支持，然后我教授了边走边讨论的方法，发展到最后，我教授了整个澄心委员会的流程。我们很快意识到我们需要延长聚会时间，所以我们拿出整个周六的时间待在一起，最后这个活动演变成了静修会。借由这些活动，这些人有机会打破孤独、彼此陪伴，这对他们非常有帮助。

欢迎悖论和复杂

杰伊·卡斯本（Jay Casbon）是一名教授、退职的大学校长。他认为通过开放式提问和深度倾听来深入探究真相是非常重要的事情。他对矛盾的复杂性深有体会，所以他拥抱紧张和不适，将其视为成长的空间。

参加信任圈后，我会寻找办法把对话、项目和我所做的一切推进得更深入一些。我会问自己："这件事更深层次的含义是什么？"我参加过很多次澄心委员会，非常珍视他们在会议上给我提出的问题。我认识到，在澄心委员会的会议上提出真诚的开放式问题非常有效，在日常生活中也是这样。实际上，跟我在一起的人甚至都不需要知道我在做什么。只要我提出真诚的开放式问题，聚精会神地倾听对方的话，我就能把我做的所有事情都带入一个更加深入的层次。

信任圈也让我深切地体会到了矛盾的妙处。虽然矛盾常常会带来高度的紧张、不适和不明确的感觉，但是在矛盾面前，我学会了欢迎它的到来，把它当作一个边缘空间。在这个边缘空间里，我们可以突破错误的观念，最终得到比较清晰的认知。我相信，一旦我们为存在矛盾的对话创造了空间，为不舒服的共处创造了空间，我们就能容纳甚至欢迎这种复杂的境况，而这种境况往往会让我们获得突飞猛进的成长。